国家社科基金一般项目：中国旅游发展方案与太平洋岛国发展理念、发展战略对接研究（项目编号：19BGJ017）

山东省社会科学规划项目智库专项："一带一路"倡议下山东省对接太平洋岛国旅游外交的战略对策研究（项目编号：18C2KJ03）的阶段性研究成果

国际旅游研究 第二辑

主　编：张　瑛
副主编：王桂玉　赵建峰

中央民族大学出版社
China Minzu University Press

图书在版编目（CIP）数据

国际旅游研究．第二辑 / 张瑛主编．-- 北京：中央民族大学出版社，2020.6

ISBN 978-7-5660-1778-9

Ⅰ.①国… Ⅱ.①张… Ⅲ.①国际旅游—文集 Ⅳ.①F590.84-53

中国版本图书馆 CIP 数据核字（2019）第 302044 号

国际旅游研究（第二辑）

主　　编　张　瑛
副 主 编　王桂玉　赵建峰
责任编辑　赵　鹏　于秋颖
责任校对　肖俊俊
封面设计　舒刚卫
出 版 者　中央民族大学出版社
北京市海淀区中关村南大街 27 号　　邮编：100081
电话：（010）68472815（发行部）　传真：（010）68933757（发行部）
（010）68932218（总编室）　（010）68932447（办公室）
发 行 者　全国各地新华书店
印 刷 厂　北京建宏印刷有限公司
开　　本　787×1092　1/16　印张：12
字　　数　149 千字
版　　次　2020 年 6 月第 1 版　2020 年 6 月第 1 次印刷
书　　号　ISBN 978-7-5660-1778-9
定　　价　56.00 元

前 言

在全球化、信息化时代，非国家行为主体在国际外交事务中具有独特而重要的意义，从多元维度拓宽了外交领域。新时代，在实施共建“一带一路”倡议，构建人类命运共同体的进程中，旅游业在进一步满足人民日益增长的美好生活需求的同时，其外交含蕴也呈现出强大的生命力和广阔的发展空间。出境游人数的迅速增长推动了“客源外交”稳步实施，国际旅游合作成为国家及地区政治经贸合作论坛的重要议题，“旅游年”制度成为中国特色大国外交的重要主题。与此同时，旅游流形塑的“流动空间”引发了多种文化的交流交融，赋予了旅游外交新的可能性和必要性。2015年，国家旅游局正式将“旅游外交”列入政府议程。2016年12月7日，国务院印发《“十三五”旅游业发展规划》，提出“我国旅游外交格局开始形成，新时期要全面实施旅游外交战略”。2018年，国家旅游局在全国旅游工作会议上提出“以构建人类命运共同体为指引，大力开展主动旅游外交”。旅游外交与中国大国特色外交思想契合，有利于推进中国全方位、多层次、立体化特色大国外交布局的形成。

著名外交家杨公素先生在回忆“文革”时期的旅游工作时，提出“旅游工作是外交工作的一部分”，主要扮演外事性接待的角色。21世纪以来，我国旅游业的角色发生了深刻复杂的变化。出入境旅游的快速发展推动了中国与世界的密切联系，积极塑造着国家形象。国际旅游合作成为行业新的主题，我国开始在世界和区域旅游组织中发挥重要作用，旅游外交逐渐浮出水面。梅毅认为："广义上的旅游外交应当包括一切旅游对外活动，既有战略层面上的意动，也有实践层面上的行动。"王兴斌提出："旅游外交既包括中外国家间旅游官方机构的交往，又包括中外游客、旅游企业、行业组织与机构之间的交往；既包括中外文化交流，又包括中外旅游经营、服务和投资等经济交流。"郑岩指出："旅游外交具有一定的非正式性和很强的民间色彩，可以界定为基于国与国之间游客互动而产生的一种外交行为。"梅毅和王兴斌两位学者更侧重旅游外交的内容，郑岩则关注到了旅游外交的参与主体。要界定旅游外交的内涵，必须牢牢把握"旅游"和"外交"的双重特性。作为一种外交形式，旅游外交应是政策权威的行为，但实施却需要以旅游流为媒介。因此，旅游外交应是在一国政府的授权和指导下，某一具有合法身份和代表能力的旅游当局、旅游机构和组织，为实现一国对外政策和谋求旅游发展，通过游客对旅游吸引物的鉴赏和旅游流，与其他国家的官方和非官方机构开展的旅游交流活动，最终实现国家形象的建构和国家间价值观的正向认同。当前旅游外交的研究工作仍处于探索阶段，研究议题多围绕旅游外交的性质定位、影响意义以及实施途径等。然而，关键问题是，在"一带一路"倡议推进过程中，旅游外交的动力机制在哪里？旅游外交又如何实现路径创新？对于这些问题学术界尚无深入探讨，尤其是相关的实证研究更为鲜见。

本书重点推出博雅方略研究院研究员白墨博士关于"一带一路"旅游外交的专论，以及我国对"一带一路"沿线国家开展旅游外交的实证研究，研究涉及中亚国家吉尔吉斯斯坦、土库曼斯坦，东南亚国家柬埔寨、缅甸、越南和泰国，还有南太平洋岛国斐济。以上国家是我国开展"一带一路"合作的重要国家，也是中国拓展"南南合作"的重点示范区域之一，具有重要的外交意义。中国已成为世界第一大出境旅游客源国，出境游客的规模和消费能力不断提升，对于“一带一路”沿线国家旅游业的发展意义重大。旅游外交一方面可以促进旅游投资与贸易的发展，加强经济联系；另一方面又可以加强双方的人文交流和民心相通，树立国家形象的正向认同，服务于我国整体的外交布局。本书基于旅游外交的动力机制，从外交环境的现实基础出发，探索旅游外交的创新机制，致力于为中国开展“一带一路”沿线国家的旅游外交提供思路和借鉴。同时，本书还推出中国旅游研究院蒋依依教授新著《中国出境旅游流研究》的书评，该著作紧贴新时期我国出境旅游发展的实践需要，为我国开展旅游外交工作奠定了坚实基础。

目　录

特约专论

"一带一路"与旅游外交

白 墨①

一、旅游外交概述

外交是一个国家在国际关系方面的活动，旅游外交界定为基于国与国之间游客互动而产生的一种外交行为，与其他外交形式一样，旅游外交在本质上也是一个国家在国际关系方面的活动。旅游外交旨在通过主动作为，架起世界各国沟通的桥梁，促进国家间游客往来，保护本国游客在他国的合法权益以及推动国际旅游产业的发展，撒播和平，增强国家间人民的相互了解和交流，进而以更加柔性的方式实现国家外交的目的。通过旅游外交可以缓和紧张、预防潜在纷争；通过旅游外交可以发展经济、保护环境、增进相互理解、恢复民族同质性、提高女性福祉，指向积极和平等。

但与传统的外交不同，旅游外交具有一定的非正式性和很强的民间色彩。旅游是增进善邻友好外交关系的最有效的非正式外交手段，是从原来单一的经济功能派生出的综合性功能。旅游是自由与和平的象征，是通往

① 白墨，博士，博雅方略研究院研究员，研究方向为经济地理、人文地理。

和平的护照，是国与国之间多元交流的主角，是经济、文化、社会、政治与国民外交的先锋。从国际关系来看，旅游可以增进国家之间理解互信、宣扬国威，与国家正式外交互为补充。

旅游外交这种形式使得外交的内涵变得更加丰富。“旅游外交”的内涵十分广泛，既包括中外国家间的旅游官方机构的交往，又包括中外游客、旅游企业、行业组织与智力机构之间的交往；既包括中外文化交流，又包括中外旅游经营、服务和投资等的经济交流。旅游外交在促进国家间政治关系、经贸合作、人文交流和传播本国文化、展示文明成果、提升国家形象、增强国际影响力和文化认同感等方面作用显著，得到各方高度认可。

我国的旅游外交已由部门推动上升为国家战略，旅游外交正走向全面、系统、规模化地服务国家整体战略进程之中，旅游外交服务国家战略之网越织越密。

（一）我国旅游外交的发展历程

我国旅游业的发展一直同外交工作紧密相连。改革开放前，旅游主要扮演政治性、外事性接待的角色，旅游外交在国家外交中占有一席之地，主要是景点景区接待国际游客和小范围的国际合作，接待境外游客是旅游外交的中心任务，旅游局由外交部代管。由于当时旅游产业规模太小，只是作为国家外交事业的延伸和补充，影响力非常有限。1996年，我国的旅游外交着眼点主要在经济上，对外旅游工作的重心也主要是旅游宣传与促销，旅游外交更多表现为自发的对外交往行为，并未引起足够关注。

21世纪以来，旅游外交再次进入公众视野。2002年9月，旅游界推动的纪念中日邦交正常化30周年友好交流大会成为中日两国友好交流的盛举。国家领导人频频出席各类旅游活动和旅游国际合作签字仪式，旅游外交开始风生水起。

旅游外交登上国际舞台是基于我国旅游产业的发展，国内旅游从1984

年约2亿人次增长到2014年的36亿人次，增长了约17倍。产业发展和庞大的旅游市场为实施旅游外交奠定了坚实的基础。党中央、国务院期望旅游外交更闪亮地走上国家外交舞台，更大地发挥旅游的综合优势，服务国家关系及经济社会发展的战略需求。为顺应时代需求，国家旅游局2015年正式提出“旅游外交”这一概念，要求“旅游行业要在国家开放新格局中，主动作为、主动发声，服务国家整体外交、服务旅游产业发展、服务游客消费需求，努力开创旅游对外开放新局面”。随之，我国的旅游外交开始从自发走向自觉，迈向一个崭新的阶段。

2012年，中国举办了“俄罗斯旅游年”；2013年俄罗斯举办了“中国旅游年”。2014年12月，达成中国—中东欧国家旅游合作促进年协议；2015中国—中东欧国家旅游合作促进年启动仪式在布达佩斯举行；2015年，中韩、中印、中墨、中国—中东欧旅游年密集举办；2016年中美两个大国举办了旅游年，中美旅游迈入全新时期，旅游成为中美新型大国关系的闪耀亮点。2017年之前，旅游外交就是做好旅游领域的国际交流合作。

2017年，在我国国家整体外交工作部署中，旅游外交所占分量日益加重，旅游外交更加自信和成熟，成为深化旅游外交的里程碑之年。2017年，中德旅游年、中瑞旅游年、中澳旅游年、中丹旅游年、中哈旅游年、中国—东盟旅游年启动，“中国—欧盟旅游年”标识揭牌。旅游在外交事务中的独特作用正在日益凸显，成为国际经贸合作和人文交流最活跃、最具潜力的领域，成为构建新型大国关系的重要桥梁和窗口。

伴随改革开放40多年的发展，我国旅游业从无到有、从弱到强，在外交领域中发挥着独特优势。旅游外交虽然提出时间不长，却活力非凡。从外交旅游到旅游外交，从边缘到前沿，我国旅游外交主动发力、积极进取。旅游发展与旅游外交布局良性互动、相互促进，双边、多边旅游合作活动精彩纷呈，呈现大好局面，有效发挥了自身独特优势。

旅游国际交往层次不断提升，一系列高层次国际旅游会议在我国举办、承办。举办首届世界旅游大会、首届中俄蒙三国旅游部长会议、首届丝绸之路旅游部长会议、亚太旅游协会2015年会、2017年联合国世界旅游组织第22届全体大会、世界旅游业理事2018年会等，参加第九届亚太经合组织旅游部长会议、东盟与中日韩旅游部长会议，积极参与国际旅游多边交往，发出中国声音，提出中国倡议。

与此同时，旅游以前所未有的开放姿态走向世界，国家旅游局参加上海合作组织成员国首次旅游部门领导人会议、东盟与中日韩（10+3）领导人会议、世界旅游文化大会、中日韩旅游部长会议、联合国世界旅游组织第21届全体大会、南太旅游组织部长理事会等，不断向世界展示中国的旅游形象和发展成就，在国际舞台上的影响力与日俱增。

元首外交为旅游铺路，旅游为元首外交搭建舞台。近年来，国家元首在国事访问中，纷纷将旅游合作作为重要内容。2014年，习主席访问马尔代夫，游客量翻了一番；彭丽媛到访首尔乐天商城，部分商品销售量翻了三倍；李克强总理访问爱尔兰，大大刺激了中国游客的前往意愿等，都是国家领袖旅游外交的典型实例，产生了很好的旅游外交效果。

2015年5月，日本“旅游文化交流团”到中国参加“中日友好交流大会”，习近平主席出席并发出改善中日关系的清晰信号，为两国关系走向更好明天打下了良好基础。2015年9月，中国旅游代表团访问古巴，扩大了两国旅游领域的合作，促进了中国和古巴间的长期友好合作关系的发展。

（二）旅游外交的作用

旅游外交有着独特的作用。旅游外交既有服务国家整体外交的一面，也有自身的独立性。当国家关系良好时，旅游交往可以成为发展国家关系的加速器；当国家关系处于困难的情况下，旅游可以作为打破僵局的途径，以民间促政府，实现关系改善的突破，常被称作“人民外交”或是国家关系的“润滑剂”；在国家间关系升温时，旅游外交也可以很好地扮演“锦上添花”的角色。两国关系处于正常的情况下，旅游可以拓宽交流渠道，深化相互了解，强化合作，以政府促社会，被誉为巩固和提升社会全面发展的“增效剂”或“膨大剂。”

第一，旅游外交服务国家战略。“一带一路，旅游先行。互联互通，旅游先通。”旅游外交主动服务和融入国家战略，积极响应国家“一带一路”倡议，推进与沿线国家和地区的旅游合作。从实施国家外交战略的独特手段变为常规手段和有力支撑。旅游外交在促进国家间政治关系、经贸合作、人文交流和传播本国文化、展示文明成果、提升国家形象、增强国际影响力和文化认同感等方面作用显著，得到各方高度认可。

第二，构建新型大国关系。旅游外交有助于加强大国之间的人文交流，有利于巩固双边关系的社会基础，有助于构建新型大国关系，打破大国冲突对抗的传统规律，助力开创大国关系发展新模式。

第三，打造民意基础。旅游外交在服务旅游业，发出中国声音、推进务实合作，为游客提供更加便利、安全、舒适的出游环境，促进旅游目的地国家和地区积极开放，推动相关国家推出签证、交通、服务等便利化措施，为旅游业发展创造更加优良的投资合作环境的同时，也有助于为国家交往打造更加坚实的民意基础。

第四，服务与推动企业“走出去”。旅游外交为旅游企业“走出去”创造了条件，越来越多的国家和地区欢迎中国旅游企业前往投资兴业。旅游企业“走出去”步伐明显加快，正在成为国际旅游竞争的重要市场主体。

第五，引导旅游输出。通过政策调控及优惠，重点引导和分配旅游输出，对“一带一路”沿线友好国家，重点加强旅游合作，引导输出旅游效益。旅游作为外交的重要筹码，服务于国家外交大局。

二、“一带一路”的旅游外交

（一）“一带一路”上的旅游

我国政府提出的“一带一路”倡议涉及65个国家、44亿人口，贯通中亚、东南亚、南亚、西亚乃至欧洲部分区域，东牵亚太经济圈，西系欧洲经济圈。跨越东西方四大文明和世界四大宗教发源地，也跨越了世界两大主要旅游客源地和旅游目的地，是世界上最具活力和潜力的黄金旅游之路，区域国际旅游总量占据了全球旅游的70%以上。

在错综复杂的国际环境下，恐怖主义和民粹主义兴起对人们高效安全的出游带来了严重挑战。联合国世界旅游组织前秘书长塔勒布·瑞法依2016年在首届世界旅游发展大会高峰论坛上说：“加强旅游合作对丝绸之路沿线国家的经济和社会发展具有重大意义，同时对该地区的和平稳定也具有意义。19个国家聚首乌兹别克斯坦并采纳丝绸之路旅游的《撒马尔罕宣言》，至今已有21年，该宣言呼吁这一传奇路线能有一个和平且富有成果的重生。”

国家旅游局还积极配合“一带一路”倡议，搭建旅游合作平台。加强丝绸之路旅游合作符合各国共同利益，将为各国发展创造重要机遇。

2015年6月，丝绸之路沿线国家旅游部长会议上通过《丝绸之路国家旅游部长会议西安倡议（草案）》。2015中国国际旅游交易会以“丝绸之路旅游”为主题；广西2015中国—东盟博览会旅游展突出“21世纪‘海上丝绸之路’旅游发展与合作”，促进中国和东盟各国旅游交流合作；2015年，甘肃以“畅游绚丽甘肃，发展丝路旅游”为主题，举办第五届敦煌行·丝绸之路国际旅游节；2017年，宁夏举办中阿旅行商大会，以“走进美丽中国·感受魅力丝路·畅游神奇宁夏”为主题，搭建“向西开放、旅游先行”平台；陕西举办2015中国西安丝绸之路国际旅游博览会，以

“打通新丝绸之路，探索旅游业新机遇”为主题搭建平台。

2016年7月，“2016海上丝绸之路金融高峰论坛暨海南省金融博览展”在海口举行，并成立了“21世纪海上丝绸之路旅游联盟”。

2016年9月，首届丝绸之路（敦煌）国际文化博览会以“推动文化交流、共谋合作发展”为主题，在敦煌开幕。

2016年中国“丝绸之路旅游年”，以“畅游绚丽甘肃，发展丝路旅游”为主题的第六届敦煌行·丝绸之路国际旅游节在甘肃省兰州市举办。

2016年11月，第二届“海上丝绸之路”（福州）国际旅游节启动，国内9个海上丝绸之路沿线城市联合9个国家旅游机构签署《9+9国际旅游合作联盟协议书》。11月，中国海上丝绸之路旅游推广联盟在海南海口共商海上丝绸之路发展大计。

2017年1月，丝路旅游带写进“十三五”旅游规划。

2017年5月，“一带一路”国际合作高峰论坛上，中国铁路总公司与有关国家铁路公司签署《中国、白俄罗斯、德国、哈萨克斯坦、蒙古国、波兰、俄罗斯铁路关于深化中欧班列合作协议》。中国政府与波兰、乌兹别克斯坦签署旅游合作协议，与智利签署旅游合作备忘录，与柬埔寨签署旅游合作备忘录实施方案。

2017年6月，中亚丝绸之路国际峰会通过丝路旅游的《阿拉木图宣言》。

2017年6月，中哈旅游合作论坛在京举行，两国谋划推动加强旅游合作。

2017年6月，中蒙俄国际列车首发团为“一带一路”文化建设唱响了赞歌。

目前，“一带”旅游由观光向特色旅游转型，迅速引入文化体验、探险旅游、商务旅游等旅游新业态。“一路”旅游已逐渐向休闲度假升级，三亚、海口、青岛等地邮轮母港、游艇码头和海洋主题公园逐步设立，低空飞行、邮轮游艇等新型旅游产品蓬勃兴起。

（二）“一带一路”上的旅游外交

“一带一路”反映了中国新一届国家领导人宏大的和平发展战略、外交战略和经济战略思想。我国把旅游作为重振经济，加强国际事务影响力的重要杠杆。丝绸之路不仅是连接东西方的贸易之路，也是促进文化、艺术等交流沟通的桥梁，契合了中国“亲、诚、惠、容”的周边外交理念和构建“人类命运共同体”的价值观基础，表明了中国外交整体布局正在朝着主动构建、积极协作的方向转型。

从我国外交转型看，“一带一路”能将中国的文化与理念传播到周边国家和地区。作为新兴大国，可以给“一带一路”沿线国家提供必要的财力与人力支持，将中国所倡导的和平发展理念与“命运共同体”意识传达给周边国家。以旅游方式促进各国友好往来，通过“一带一路”与旅游外交的协同作用，实现区域便利，促进各国经济往来。旅游外交充分展示了我国多予少取、开放平等的观念。

我国旅游外交的关键在于构建“新型国际关系”和“一带一路”。旅游外交存在“一带一路”部分国家基础设施落后及区域恐怖主义两大阻力；“一带一路”投融资安全要充分考虑沿线国家的文化与政治因素。在处理多国关系上，旅游能起到极好的润滑剂作用。“一带一路”旅游项目旨在强化丝绸之路沿线国家的紧密合作，构建“一带一路”旅游合作网络，打造一批跨境旅游合作区、丝路国际旅游港和一系列旅游合作走廊，加强区域协调机制、旅游签证便利化、旅游线路共建、旅游投资等一系列合作外交，提升丝绸之路旅游品牌影响力，使丝绸之路旅游成为促进文化多元化和文化间对话的重要载体。

我国与“一带一路”沿线重点国家合作，打造旅游外交的友好模式。

充分发挥旅游“软性外交”的独特魅力，强化各国各民族间的文化认同感和历史责任感，打破国与国之间意识形态差异、经济贸易差异、产业差异等，消除隔阂与误解，提升各国融入“一带一路”的积极性和主动性，向世界立体式地传播中国好声音、讲出中国好故事。中国已先后举办了中俄、中韩、中印、中美、中国—中东欧、中澳、中丹、中瑞、中哈、中国—东盟10个旅游年，覆盖国家34个。

经过旅游外交的努力，世界各国都在放宽对中国的签证政策，并向中国人发出了很多友好的信号，传达出各国对中国旅游的重视，对中国人的认同。例如欧洲人在打造“适合中国人”的酒店，旅游大国西班牙友好中国协会授予当地14家酒店“友好中国”头衔，得到欧盟28国认可。美国洛杉矶的“China-Ready”认证为服务中国游客提供优质旅游培训及认可服务等。中国—中亚旅游合作推动跨境旅游合作区和边境旅游实验区建设，成为“一带一路”旅游外交的丰硕成果。

三、“一带一路”旅游外交展望

（一）“一带一路”旅游外交将加速推进中国与亚洲大区域合作

“一带一路”倡议着眼于全球化发展态势和未来国家发展客观需要，围绕“一带一路”沿线国家全面推进周边外交，打造周边命运共同体，将有利于进一步扩大中国与周边国家间区域和次区域的旅游合作，特别是推动沿边地区的旅游开发，使旅游业在睦邻、安邻、富邻中发挥更大作用；围绕国家加强同发展中国家团结合作，有利于积极引导中国游客前往发展中国家旅游，推动中国旅游产业“走出去”，积极帮助发展中国家旅游业发展。当前特别要立足国家“一带一路”倡议，推动我国与沿线国家的旅游合作，共同打造世界级的黄金旅游带。

（二）“一带一路”旅游外交将连接“中国梦”与“世界梦”

“一带一路”从倡议到落实，承载着新的使命，孕育着新的生机，激扬着新的活力，是今后一段时期中国外交战略的主线之一。“一带一路”倡议构想未来需要借助示范效应巩固影响力，通过与有基础的国家开展有效旅游合作，助力其经济社会发展，使目的地国居民得到切实利益，树立双方友好合作的典范，实现以点带面、以线带面，推动大区域交流与合作，实现“利益共同体”“命运共同体”的外交理念，不仅有利于“中国梦”的实现，也有利于“世界梦”的实现。

（三）“一带一路”旅游外交构建政治互信

“一带一路”旅游外交构想有利于将政治互信、地缘毗邻、经济互补等优势转化为务实合作、持续增长优势。由于美国在东南亚地区存在着重要战略利益，俄罗斯在中亚地区保持着传统的影响力，印度作为地区大国一直希望主导南亚地区事务。因此，如何协调好同上述大国之间的关系将成为未来我国“一带一路”旅游外交需要面对的现实问题。与此同时，我国与东南亚、中亚、南亚都存在既有的成熟区域合作组织和机制，如何处理好各组织关系也将考验中国“一带一路”旅游外交。

（四）打造“一带一路”旅游通道无缝对接

随着“一带一路”沿线出入境旅游增长，未来将同时整合航空、铁路、公路、水路交通，实现“一带一路”旅游交通互联互通、无缝对接。沿线国家共建旅游信息中心，创建“一带一路”智慧旅游目的地，并建立一体化旅游推广与营销机制，提升结算、安全、投诉旅游公共服务，实现“一带一路”旅游无障碍，实现“丝绸之路”旅游品牌共建共享，进而促进地区和平。

（五）有效带动“一带一路”旅游投资及基础设施建设

我国将共同打造“新亚欧大陆桥”“中蒙俄”“中国—中亚—西

亚”“中国—中南半岛”“中巴”“孟中印缅”6大国际经济合作走廊和海上运输大通道，它们也是未来国际合作的旅游经济带，随着这些热点地区旅游基础设施的不断跟进，旅游目的地体系将持续拓展重组。民间大资本将更易于和愿意进入，因此“一带一路”旅游外交将能有效拉动对外投资的规模和收益。

专题论文

中国开展吉尔吉斯斯坦旅游外交的战略思想及路径选择①

张　瑛　刘建峰　张子恒②

摘要： 旅游外交已成为新时代中国大国特色外交的重要形式。在“一带一路”倡议和构建人类命运共同体的时代背景下，中国与吉尔吉斯斯坦的旅游外交具有重要的战略意义。文章基于旅游外交内涵及研究现状的系统阐述，详细分析了中国开展吉尔吉斯斯坦旅游外交的地缘政治环境的复杂性、社会经济发展的脆弱性、政治体制转型的艰难性、地区安全环境的不稳定性等环境特点，提出了服务于中国特色大国外交、促进两国互利共赢、促进民心相通和文化交流以及贯彻“以人为本”理念的旅游外交发展的战略思想。文章提出可以从完善

① 本文系山东省社会科学规划项目智库专项：“一带一路”倡议下山东省对接太平洋岛国旅游外交的战略对策研究（项目编号：18CZKJ03）、国家旅游局万名旅游英才计划研究型英才培养项目：中国开展太平洋岛国旅游外交的战略意义及有效途径研究（项目编号：WMYC20171067）的研究成果。

② 张　瑛，博士，中央民族大学教授，博士生导师，主要从事旅游外交、遗产旅游研究，旅游规划与开发研究。

刘建峰，中央民族大学博士研究生，聊城大学副教授，主要从事旅游外交研究、旅游规划与开发研究。

张子恒，上海大学历史学专业研究生，主要研究方向为中亚地区历史。

旅游合作政策、推进区域旅游组织建设、加强旅游安全体系建设、推动旅游基础设施和服务设施建设、加快旅游中心城市建设等方面开展两国旅游外交关系。

关键词： 旅游外交；命运共同体；大国特色外交；吉尔吉斯斯坦

The Strategic Conception and Path Selection of China's Tourism Diplomacy in Kyrgyzstan

ZHANG Ying LIU Jianfeng ZHANG Ziheng

Abstract: Tourism diplomacy has become an important form of China's major-country diplomacy in the new era. Under the background of "One Belt and One Road" and "Community of Common Destiny for All Mankind", it is of great strategic significance for China to carry out tourism diplomacy in Kyrgyzstan. Based on the systematic exposition of the connotation and research status of tourism diplomacy, this article analyzes in detail the environmental characteristics for tourism diplomacy between China and Kyrgyzstan, such as the complexity of the geopolitical environment, the fragility of socio-economic development, the difficulty in political system transformation, and the instability of regional security environment, and then puts forward the strategic thinking of serving the diplomacy of the big countries with Chinese characteristics, promoting the mutual benefit and win-win of the two countries, promoting commonality among the people and cultural exchanges, and implementing the "tourist-based" concept of the two countries' tourism diplomacy development. The article proposes that the tourism relations between the two countries can be developed by improving the tourism cooperation policy, promoting the construction of regional tourism organizations, strengthening the construction of tourism safety system, promoting the construction of tourism infrastructure and service facilities, and accelerating the construction of tourism hub cities.

Key words: Tourism diplomacy; Community of common destiny for all mankind; Major-country diplomacy; Kyrgyzstan

中亚地区是我国周边外交的六大板块之一（祁怀高等，2013[①]），具有重要的外交战略意义。吉尔吉斯斯坦是中国通往中亚的门户，也是连接欧亚大陆和中东的战略要冲，外交战略地位尤为重要。近年来，吉尔吉斯斯坦政府利用本国丰富的旅游资源，大力发展旅游业，吸引外资，以促进国民经济发展水平提高。另一方面，当前中国已成为世界第一大出境旅游客源国，出境游客的规模和消费能力不断提升，这对于吉尔吉斯斯坦旅游业的发展意义重大。因此，中国发展同吉尔吉斯斯坦的旅游外交关系具有重要的政治和经济延伸意义：一方面可以促进中吉两国之间的旅游投资与贸易发展，加强中吉两国之间的经济联系；另一方面也可以促进中吉两国民间的人文交流，助推公共外交的深入展开，服务于我国的整体周边外交战略。

改革开放前，旅游业作为中国外交事业的延伸和补充，主要扮演着政治性、外事性接待的角色（杨公素，1994[②]；高舜礼，2004[③]），旅游局也由外交部代管。20世纪80年代中期以后，入境旅游创汇功能得到国家层面的高度重视，旅游业的经济属性开始凸显。21世纪以来，随着中国公民出境

① 祁怀高、石源华：《中国的周边安全挑战与大周边外交战略》，载《世界经济与政治》，2013年第6期，第44—45页。

② 杨公素：《回忆“文革”时期的旅游外交》，载《国际政治研究》，1994年第3期，第50—55页。

③ 高舜礼：《中国旅游业对外开放战略研究》，中国旅游出版社，2004年。

旅游人数的增加，国家开始实施“客源外交”战略（梅毅，2006[①]）。国家领导人频频出席旅游国际合作签字仪式，更强化了某种自觉的旅游外交意识。2015年，国家旅游局于全国旅游工作会议上正式提出“旅游外交”的概念，并要求“旅游行业要主动作为，主动发声，服务国家整体外交”[②]，这意味着我国的旅游外交开始从自发走向自觉。2016年12月7日，国务院印发《“十三五”旅游业发展规划》，提出我国旅游外交格局开始形成，新时期要全面实施旅游外交战略，开展“一带一路”国际旅游合作，这对我国旅游业发展提出了新的历史使命。

早期旅游理论研究中鲜有旅游外交的研究成果，代表性成果有：《回忆“文革”时期的旅游外交》（杨公素，1994）、《旅游外交：我国旅游产业发展新取向》（梅毅，2006）和《旅游外交与中国和平发展》（梅毅，2006）。近几年，旅游外交研究逐渐成为理论研究的热点问题，研究成果不断推出，代表性的成果有：《论旅游经济对外交的影响力》（夏雪，2016[③]）、《以旅游外交助力中巴经济走廊的心理认同》（胡敏等，2016[④]）、《“旅游外交”对中日关系的作用和影响》（高梓菁，2016[⑤]）等。同时，陈邦瑜（2015）系统阐述了国际旅游与国际关系之间的双向作用，并注意到国际旅游对国际关系的负面影响；[⑥]王兴斌（2015）对旅游外交的概念和性质进行定位，

---

① 梅毅：《旅游外交与中国和平发展》，武汉大学博士学位论文，2006年。

② 王兴斌：《让“旅游外交”成一大亮点》，载《中国旅游报》，2015年5月25日，第004版。

③ 夏雪：《论旅游经济对外交的影响力》，载《当代经济》，2016年第18期，第109—110页。

④ 胡敏、曹兹纲、王杰：《以旅游外交助力中巴经济走廊的心理认同》，载《新疆社会科学》，2016年第6期，第79—82页。

⑤ 高梓菁：《“旅游外交”对中日关系的作用和影响》，上海外国语大学硕士学位论文，2016年。

⑥ 陈邦瑜：《国际旅游与国际关系的相互关系辨析》，载《经济社会发展》，2015年第5期，第7—10页。

并指出旅游外交的多主体状况以及对国家外交、国际关系的影响；①邹统钎、胡莹（2016）论述了旅游外交对国家形象的传播和塑造作用以及具体的旅游外交途径。②目前旅游外交的研究工作仍处于探索阶段，研究议题多围绕旅游外交的性质定位、影响意义以及实施途径等，相关的实证研究较为鲜见，另外，有关旅游外交的风险研究以及应对措施也关注较少。

旅游外交作为落实“一带一路”倡议的重要途径，对加强中国与沿线国家的交流联系具有重要的推动作用，同时，“一带一路”沿线国家众多，各国的政治经济发展水平存在差异，地区安全环境状况较不稳定，中国开展旅游外交也面临着一定的威胁和挑战。本文从中吉两国的实际情况出发，在分析中国开展吉尔吉斯斯坦旅游外交战略意义的基础之上，提出具体的旅游外交战略构想，更好地应对中国开展吉尔吉斯斯坦旅游外交的威胁和挑战，同时为中国开展与“一带一路”沿线其他国家旅游外交提供借鉴。

一、吉尔吉斯斯坦的外交环境特点

吉尔吉斯斯坦奉行和平中立、全方位而又有重点的外交，与中亚其他国家相比，吉尔吉斯斯坦有其独特的外交环境，主要体现在地缘政治环境的复杂性、社会经济发展的脆弱性、政治体制转型的艰难性、地区安全环境的不稳定性等方面。

（一）地缘政治环境的复杂性

地缘政治环境影响一个国家的政治决定和外交政策（石丽娜，

① 王兴斌:《让“旅游外交”成一大亮点》，载《中国旅游报》，2015年5月25日，第004版。

② 邹统钎、胡莹:《旅游外交与国家形象传播》，载《对外传播》，2016年第5期，第22—24页。

2007[①]）。吉尔吉斯斯坦与哈萨克斯坦、乌兹别克斯坦、塔吉克斯坦以及中国等多国交界，深受周边众多地缘势力的影响。费尔干纳盆地的局势只是吉尔吉斯斯坦周边众多地缘势力竞争和角力的一个缩影。同时，吉尔吉斯斯坦也是俄美两国地缘政治博弈的焦点地区（王鸣野，2011[②]）。俄美两国利用政治、经济、军事等手段对吉尔吉斯斯坦加以渗透，以此提高其在中亚地区的影响力和竞争力（曾向红，2015[③]）。此外，民族和宗教问题进一步加剧了吉尔吉斯斯坦地缘政治环境的复杂程度。吉尔吉斯斯坦属于典型的多民族国家，境内拥有80多个民族，并存在一定数量的跨界民族。跨界民族因为历史的原因分布在不同地区（曹兴，2015[④]），他们忠实于自己部族的程度往往胜过他们对吉尔吉斯斯坦中央政府的忠诚程度。吉尔吉斯斯坦南部地区跨界民族问题尤为突出，吉尔吉斯族与乌兹别克族的民族冲突至今未断。另外，吉尔吉斯斯坦民族宗教众多，除了伊斯兰教、东正教、犹太教、基督新教等宗教以外，各种境外宗教团体竞相进入，据统计，吉尔吉斯斯坦目前有超过2000个宗教组织，[⑤]其中也不乏极端宗教组织。受众多的宗教信仰差异以及极端组织的影响，吉尔吉斯斯坦的宗教状况并不稳定，宗教问题频发。复杂的地缘政治环境状况以及民族宗教问题难以为吉尔吉斯斯坦营造良好的内外部发展环境，增加了其政治、经济以及社会发展的不稳定性。

---

① 石丽娜:《吉尔吉斯斯坦民族问题与中亚地缘政治》，陕西师范大学硕士学位论文，2007年，第33页。

② 王鸣野:《吉尔吉斯斯坦:“中间地带”的困境》，载《新疆社会科学》，2011年第1期，第57—62页。

③ 曾向红:《美国对中亚事务的介入及中亚国家的应对》，载《国际政治研究》，2015年第3期，第34—61页。

④ 曹兴:《中国周边安全中的跨界民族问题》，载《中南民族大学学报（人文社会科学版）》，2015年第4期，第12—16页。

⑤ 再米娜·伊力哈木:《近期吉尔吉斯斯坦国内伊斯兰极端主义发展及影响分析》，载《新疆大学学报（哲学·人文社会科学版）》，2015年第1期，第72页。

（二）社会经济发展的脆弱性

吉尔吉斯斯坦的社会经济发展并不稳定。经济格局多重而割裂、外债风险增大、民生状况糟糕是吉尔吉斯斯坦较为突出的社会经济问题。吉尔吉斯斯坦以天山为界分成南北两部分，北部地广人稀，民众主要从事传统的游牧业；南部地狭人稠，农耕经济盛行；城市地带的发展主要靠第三产业推动；工业结构单一，以黄金等有色金属开采为主。游牧经济、农耕经济、城市经济、工业经济等构成了吉尔吉斯斯坦多重的经济格局，经济体制改革的开展，私有化的推进，进一步割裂了多元的经济格局。近年来，吉尔吉斯斯坦举借外债的规模不断扩大，这在一定程度上缓解了国内资金短缺的状况，但同时也造成外债负担沉重、利用效率低下等问题，[①]加之政府偿还外债能力有限，吉尔吉斯斯坦一度陷入国际债务危机之中，外债风险也不断增大。更为严重的是，吉尔吉斯斯坦民生状况糟糕，人民生活水平低下。吉尔吉斯斯坦独立后，与原苏联国家经济联系中断，经济发展受阻，此后采取市场经济模式对苏联计划经济体制加以改造，这在一定程度上提升了市场开放程度和经济发展活力，但同时也造成了贫富分配不均、两极分化等问题，广大民众的整体生活水平并没有明显的提高和改善。贫困、失业、货币贬值，购买力低下等问题仍然存在，民众不满情绪也与日俱增。吉尔吉斯斯坦经济发展水平相对落后，发展过程中存在着一定的问题，促使其重视经济外交政策，通过广泛与其他国家开展经贸往来，吸引外资等方式提升其国民经济发展水平。

（三）政治体制转型的艰难性

2010年宪法规定吉尔吉斯斯坦为议会民主制国家，但吉尔吉斯斯坦政治体制的转型面临着种种困境。首先，吉尔吉斯斯坦政党政治发展状况较

---

① 周丽华：《吉尔吉斯斯坦外债：俄罗斯经济危机背景下的隐患》，载《新疆财经》，2017年第2期，第58页。

为紊乱，主要体现为建党门槛低、政党众多、政党制度化弱、党际合作难以维系等。2010年政治动荡前，吉尔吉斯斯坦组建政党的门槛较低，10名本国公民便可自行申请成立政党，大凡有野心的政客都组建有自己的政党。2010年宪法规定实行议会制政体，议会选举对政党门槛要求提高，不同政党之间经历了分化、整合以及重组的过程，以此达到议会选举门槛要求，即便如此，2015年吉尔吉斯斯坦第六届议会选举中实际获得议席的政党尚有6个。[①]吉尔吉斯斯坦政党制度化弱主要表现在政党的社会性、稳定性、合法性以及自治性弱等方面（王林兵、雷琳，2014[②]）。吉尔吉斯斯坦多数政党依托领袖的政治威望成立，缺乏一定的群众基础，同时受部族主义的影响，政党社会性较弱；多数政党组织体系不够健全和完善，政党的自治水平相对较低。吉尔吉斯斯坦多政党、制度化弱的特征促使多个政党需要联合执政，组成执政联盟，但执政联盟缺乏稳定性，党际的合作难以维系。其次，政治权力的部族主义与地区主义倾向明显，部落意识和观念在吉尔吉斯斯坦人心中根深蒂固，并且很大程度上存在于当今的政治体制之中，导致当政者将权力委托给自己所隶属的部族，将部族作为其权力的基础。[③]吉尔吉斯斯坦政治体制转型的困境，同时导致地区安全环境的不稳定因素增加。

（四）地区安全环境的不稳定性

独特的地理位置与复杂的地缘环境使吉尔吉斯斯坦安全环境呈现出不稳定性。一方面，吉尔吉斯斯坦与塔吉克斯坦、乌兹别克斯坦之间长期存

---

① 王林兵、雷琳:《吉尔吉斯斯坦“低态化”政党政治形成的制度性因素分析》，载《新疆社会科学》，2017年第4期，第95页。

② 王林兵、雷琳:《吉尔吉斯斯坦议会制政体建构面临四大困境》，载《新疆大学学报（哲学·人文社会科学版）》，2014年第3期，第95页。

③ 中国驻吉尔吉斯斯坦经济商务参赞处:《吉尔吉斯斯坦受贿系数在独联体国家中排名靠前》，http://kg.mofcom.gov.cn/article/jmxw/201611/20161101884355.shtml，查阅日期：2017年10月14日。

在着边境冲突。苏联时期不切实际地划分各加盟共和国的行政界线，导致了吉、乌、塔三国之间的边境冲突问题严重，主要表现为：边境居民冲突、边境边防军冲突、非法越境及武装毒品走私。[①]边境冲突造成吉尔吉斯斯坦边境安全局势严峻，严重影响着吉尔吉斯斯坦及周边地区的安全稳定。另一方面，恐怖主义、民族分裂主义和极端宗教主义势力等非传统安全因素也给吉尔吉斯斯坦地区安全稳定带来威胁。此外，毒品走私、跨国犯罪、粮食安全等问题也显著加剧了地区安全环境的不稳定性。

吉尔吉斯斯坦地理位置独特，是俄美两国博弈的中间地带（王鸣野，2011[②]）。俄罗斯与吉尔吉斯斯坦有着密切的经济、军事以及历史文化联系。美国则对吉尔吉斯斯坦提供大量的经济援助，利用非政府组织对吉尔吉斯斯坦渗透，将吉尔吉斯斯坦纳入其“大中亚计划”的一部分。俄美两国的政治博弈加剧了吉尔吉斯斯坦地缘政治环境的复杂性。一定程度上，2005年的“郁金香革命”和2010年的“血色革命”就是吉尔吉斯斯坦玩“俄美平衡游戏”失败的结果（焦一强，2011[③]）。周边众多地缘政治势力对吉尔吉斯斯坦采取的战略目标以及措施手段的差异，加之吉尔吉斯斯坦内部政党之间的非合作博弈，这些在一定程度上（黄佛君、张永明，2012[④]）增加了吉尔吉斯斯坦安全环境的不稳定因素。

总之，吉尔吉斯斯坦的外交环境有其自身的特点，这些特点深刻影响着吉尔吉斯斯坦对外交往的方式、内容、走向等，也是中国开展对吉尔吉

① 曲鸿渤：《吉尔吉斯斯坦近年边境安全形势及其影响》，载《俄罗斯学刊》，2016年第2期，第13页。

② 王鸣野：《吉尔吉斯斯坦：“中间地带”的困境》，载《新疆社会科学》，2011年第1期，第57—62页。

③ 焦一强：《当代西方政治发展理论与后苏联国家政治转型实践的悖论透析——以吉尔吉斯斯坦为例》，载《新疆社会科学》，2011年第5期，第85页。

④ 黄佛君、张永明：《吉尔吉斯斯坦博弈解构与我国经济维度策略选择》，载《新疆大学学报（哲学·人文社会科学版）》，2012年第1期，第103—108页。

斯斯坦旅游外交工作的现实背景和重要基础。

二、中国与吉尔吉斯斯坦关系的发展

中国与吉尔吉斯斯坦交往历史悠久，但中华人民共和国成立后，双方正式交往始于20世纪90年代初吉尔吉斯斯坦成为独立的主权国家之后。自吉尔吉斯斯坦独立20多年以来，双方交流联系日益增强，合作形式日益多样，双边关系进展不断深入并已经取得重大成果，这为中国开展吉尔吉斯斯坦旅游外交关系奠定了良好的现实基础。

（一）中国与吉尔吉斯斯坦关系发展的简要回顾

在两国早期交往历史中，大量中国典籍记载了中国与吉尔吉斯人的交流，相当一部分中国人融入了吉尔吉斯人的部落之中，并成为当今吉尔吉斯人的祖先（侯艾君，2004①）。近代以来，中国对吉尔吉斯斯坦的认知不断深化，从最高决策层到普通知识界，由认知不明晰、信息落后到对其进行系统的介绍，中国对吉尔吉斯斯坦的认知经历了一个由浅入深的过程（袁剑，2017②）。苏联时期，中国边境省份与吉尔吉斯斯坦贸易往来频繁。1991年12月27日，中国政府承认吉尔吉斯斯坦独立。1992年1月5日，中吉两国正式建交。在正式建立双边外交关系之后，双方开始在政治、经济等多方面开展合作。政治上，双方高层互访不断，签署了一系列双边合作条约，特别是通过签署1996年《中吉国界的协定》、1999年《中吉国界的补充协定》等文件，双方就边界划分问题达成一致，以法律形式将边界线确定下来。边界历史遗留问题的解决为中吉睦邻友好关系的发展奠定了基

---

① 侯艾君：《中国与吉尔吉斯斯坦：现状、问题与前景》，载《国际论坛》，2004年第2期，第35—36页。

② 袁剑：《近代中国的吉尔吉斯斯坦认知：背景、过程与特征》，载《西北民族研究》，2017年第3期，第155—165页。

础。经济上，双方开展边境贸易，建立合资企业，签署了一系列的商业和技术合作协定，但投资企业主要是一些中小企业，投资领域集中在农业、轻工业领域，很少形成集聚性的商贸城。[①]

进入21世纪以来，中国与吉尔吉斯斯坦双边关系不断发展，并初步建立起稳定的合作机制。2001年上海合作组织正式成立，双方认同以“互信、互利、平等、协商、尊重多样文明、谋求共同发展”为基本内容的“上海精神”[②]，签署了《打击恐怖主义、分裂主义和极端主义上海公约》等一系列的反对恐怖主义的多边合作文件，同时开展一系列军事演习，联合打击恐怖主义势力，促进了两国安全防务关系的发展以及地区的和平稳定。此外，两国在上海合作组织的框架内发展经贸、国际司法、教育以及其他领域的合作，也进一步深化了两国之间的友好关系。吉尔吉斯斯坦和中国分别于1998年和2001年加入世界贸易组织，在世界贸易组织以及上海合作组织的框架内，两国经贸合作往来进入了相对稳定的发展阶段。2005年和2010年吉尔吉斯斯坦国内两次政治权力的更替都采用非常规方式进行，虽然对中吉经贸合作带来了一定意义上的消极影响（赵青松，2016[③]），但并没有打乱中吉关系发展的基本节奏。2010年吉尔吉斯斯坦政局动荡之后，中国提供了相当数量的援助，并在政治局势基本稳定后，派代表团访问，以确保双边关系。[④]中吉关系发展并未受其太大影响。

2013年9月，习近平主席在哈萨克斯坦提出共建“丝绸之路经济带”

---

① 赵青松:《中国与吉尔吉斯斯坦经贸关系：历史、现状与前景》，载《新疆财经》，2016年第1期，第69页。

② 赛娜·伊尔斯拜克:《中国与吉尔吉斯斯坦关系中的利益基础及对策建议》，载《新疆社科论坛》，2007年第4期，第41页。

③ 赵青松:《中国与吉尔吉斯斯坦经贸关系：历史、现状与前景》，载《新疆财经》，2016年第1期，第66—73页。

④ 赵华胜:《不干涉内政与建设性介入——吉尔吉斯斯坦动荡后对中国政策的思考》，载《新疆师范大学学报（哲学社会科学版）》，2011年第1期，第23—29页。

的倡议，得到了吉尔吉斯斯坦的积极支持和响应，双方签署《中吉关于建立战略伙伴关系的联合宣言》，将双边关系提升为战略伙伴关系，标志着中吉关系的发展进入新时期。“丝绸之路经济带”建设为中吉关系的发展带来了新契机，两国在能源合作领域、沿线交通基础设施建设领域、贸易合作领域、政治安全合作领域以及文化教育领域都取得了新的进展，特别是在能源合作领域，双方签署了多项能源合作协议。2014年，中亚天然气管道D线正式开工，预计到2020年正式投入运营时，可有效缓解新疆用气紧张状况。中吉最大的能源合作项目“达特卡 — 克明”输变电线项目于2015年正式竣工，对于提高吉尔吉斯斯坦电网独立性和安全性，以及社会经济发展和民生改善具有重要意义。[①]总之，中国与吉尔吉斯斯坦经济互补性较强，两国有着较为广阔的合作空间，发展前景广阔。

（二）中国与吉尔吉斯斯坦多种形式的合作关系

随着中国与吉尔吉斯斯坦关系的发展，双方的交流联系不断增强，其合作形式也日益多样化，主要包括：政府双边的合作、论坛形式的合作、民间交往等。

政府双边的合作是中国与吉尔吉斯斯坦地区合作的基本形式。自吉尔吉斯斯坦独立以来，双方签署了数百份双边合作协定，涉及政治、经贸、文化、教育、卫生、旅游、地区安全等多个领域，对两国深入合作，加强联系发挥了重要作用。2016年11月，中国和吉尔吉斯斯坦签署了《中吉两国政府联合公报》，双方深化两国在政治、经贸、产能、交通、人文、安

① 中华人民共和国商务部：《中国企业承建的吉国“达特卡 — 克明”输变电线项目举行竣工仪式》，http://www.mofcom.gov.cn/article/i/jyjl/e/201508/20150801095385.shtml，查阅日期：2017年10月15日。

全等多个领域的合作，为进一步发展中吉战略伙伴关系奠定了坚实基础。①

吉尔吉斯斯坦地缘政治环境复杂，存在着区域安全隐患，这需要多方通力合作，达成共识，来更好地解决问题。论坛形式的合作为多方协商交流解决问题提供了一个重要的平台，是中吉合作的重要形式。如前所述，通过上海合作组织框架下的上海合作组织峰会、成员国元首理事会，更好地深化了中吉两国之间的合作。此外，亚信会议（亚洲相互协作与信任措施会议）、中国 — 中亚合作论坛以及“一带一路”国际高峰合作论坛等都是中吉多边合作的重要组成部分。2014年，亚信第四次峰会在上海举行，与会国家代表通过了《上海宣言》，对亚洲安全局势以及亚洲国家安全对话与合作等问题进行了磋商，有助于促进中亚地区的安全稳定，关切到中吉两国的国家利益和安全。2017年5月，由中国主办的“一带一路”国际高峰合作论坛在北京正式举行，29个国家的代表围绕“一带一路”政策、设施、贸易、资金、民心等方面进行了商议，同时也是中吉两国深化合作的重要一环。2017年8月，第五届中国 — 中亚合作论坛在江苏连云港市举办，来自中国、吉尔吉斯斯坦等6个国家和组织的200余名代表参加论坛，并对中国 — 中亚合作成果予以肯定，同时希望加快“一带一路”建设以深化合作共赢。②2017年9月，联合国世界旅游组织第22届全体大会发布“一带一路”旅游合作成都倡议，有利于加强“一带一路”国际旅游合作，促进丝绸之路旅游发展。③

中吉两国之间存在着一定形式的民间经济和文化交流。两国民间艺术

---

① 中国外交部:《中华人民共和国政府和吉尔吉斯共和国政府联合公报（全文）》，http://www.fmprc.gov.cn/web/gjhdq_676201/gj_676203/yz_676205/1206_676548/1207_676560/t1412437.shtml，查询日期：2017年10月15日。

② 白星星:《200余名各界嘉宾共商发展大计　中国 — 中亚合作论坛召开》，载《中国会展（中国会议）》，2017年第16期，第16页。

③ 四川省人民政府:《世界旅游组织大会发布“一带一路”旅游合作成都倡议》，http://www.sc.gov.cn/10462/10464/10797/2017/9/14/10433615.shtml，查阅日期：2017年10月15日。

交流密切，主要体现在文学、音乐、舞蹈、绘画、雕塑、戏剧、影视等方面，两国的体育交流、文化教育交流也不断深入（郅耀河，2016[①]）。与此同时，中吉两国存在贸易不均衡问题，两国民间交往起步相对较晚，民众彼此了解不够深入，加之西方国家对中国发展“威胁”的炒作，致使“中国威胁论”主要表现为政治威胁论和经济威胁论，[②]在吉尔吉斯斯坦一度蔓延。吉尔吉斯斯坦的部分学者和民众担心吉尔吉斯斯坦会沦为中国的“经济附庸”，中国崛起会威胁到吉尔吉斯斯坦的生存和稳定。

总而言之，中吉之间的合作是一种具有较高政治互信基础的相对稳定的多边关系，并且建立了一种稳定的机制化的双边合作关系，[③]但两国的民间交往有待加强，这也是中国开展吉尔吉斯斯坦旅游外交所需要注意和弥补的。

三、吉尔吉斯斯坦旅游业发展现状及特点

（一）吉尔吉斯斯坦旅游资源的特点

吉尔吉斯斯坦位于亚欧大陆内部，自然人文环境独特，旅游资源丰富，既有丰富的自然旅游资源，也有多样的人文旅游资源。

1. 丰富的自然旅游资源

独特的山地景观。吉尔吉斯斯坦自然地理环境独特，其境内山地众多，国土面积的93%为山地，整个国土都处于天山和阿赖山脉之中，全国

① 郅耀河：《中国与吉尔吉斯斯坦民间文化交流现状研究》，新疆师范大学硕士学位论文，2016年。

② 张维维、陆珊：《“丝绸之路经济带”建设与吉尔吉斯斯坦政治和安全形势》，载《战略决策研究》，2017年第4期，第65页。

③ 韩隽：《丝绸之路经济带与中国—吉尔吉斯斯坦双边关系的发展》，载《新疆大学学报（哲学·人文社会科学版）》，2014年第6期，第77—78页。

平均海拔2750米，其中高达3000米到4000米的地区占全国的1/3，低地面积仅占土地总面积的小部分。[①]长度在300千米以上的山脉5个，海拔高度在5000~6000米的山峰4个，6000米以上的山峰5个，最高点胜利峰海拔为7439米。[②]因此，吉尔吉斯斯坦也被称之为“山地之国”。

美丽的水域风光。吉尔吉斯斯坦地貌类型独特，河流、湖泊较多，还分布有一定数量的冰雪地。10千米以上的大小河流共计2044条，总长度大约为3.5万千米，最长的河流为纳伦河；湖泊1923个，湖水总面积为6836平方千米，占国土总面积的3.4%；[③]高山湖泊中，如伊塞克湖、索恩湖和恰特尔湖等，最著名的当属伊塞克湖，由118条高山河流汇集而成，是仅次于的的喀喀湖的世界第二大高山湖泊，被誉为“中亚明珠”。除此之外，吉尔吉斯斯坦境内还分布着众多的冰峰雪岭，有一定数量的冰川观光地和常年积雪地。

多样的物候景观。吉尔吉斯斯坦位于亚欧大陆中心，气候总体呈大陆性特征，但由于境内山区地形复杂以及伊塞克湖对气候的调节作用，有的地区是极端的大陆性气候，而有的地方则近似于海洋性气候，相对温暖湿润一些。同时由于高山海拔较高，气候的垂直地带性分异比较明显。多样性的气候造就了多种类型的栖息地，为不同类型的动植物提供多样的生存空间。因此，吉尔吉斯斯坦物候景观非常丰富，夏季时体现得尤为明显。

2. 多样的人文旅游资源

古代遗址遗迹。吉尔吉斯斯坦历史悠久，自石器时代就有人类居住，在其长期的历史发展进程中，保存下来较多的遗址遗迹。克拉斯诺列钦的古代城堡遗址、距今约1600年的索格狄亚那人的城堡以及高逾12米的泥

① 李湘权、邓明江、龙爱华等:《吉尔吉斯斯坦水资源及其开发利用》，载《地球科学进展》，2010年第12期，第1367页。

② 刘庚岑、徐小云编著:《吉尔吉斯斯坦》，社会科学文献出版社，2005年，第8页。

③ 胡振华主编:《中亚五国志》，中央民族大学出版社，2006年，第54页。

塑佛像、乌兹根市的宣礼楼以及圆顶陵墓、奥什市的苏莱曼山、楚河州的布拉纳塔以及著名的玛纳斯陵墓等历史遗迹至今仍熠熠生辉。古代的遗址遗迹是吉尔吉斯斯坦人文旅游资源的重要组成部分。

现代建筑设施。吉尔吉斯斯坦的现代建筑设施相较于发达国家来说，略显落后，但也别有一番韵味，其中最具代表性的是玛纳斯村。玛纳斯村是吉尔吉斯斯坦首都比什凯克市的标志性建筑物，是1995年为庆祝《玛纳斯》史诗诞生1000周年而修建的一组建筑群。玛纳斯村将现代建筑艺术与传统的吉尔吉斯斯坦建筑艺术相融合，颇具美感。玛纳斯村是外国来宾到访首都时的重要参观项目，曾有8位他国领导人在此种植过天山云杉。此外，在伊塞克湖还有俄国旅行家尼米·普尔热瓦尔斯基的博物馆和陵墓。

多彩的人文活动。吉尔吉斯斯坦境内民族宗教众多，文化多元，人文活动多种多样，不仅包括各民族风格迥异的风俗习惯，也存在一些现代的节庆活动等。由于各民族的历史传统、文化背景以及生活方式的不同，在衣食住行、婚丧嫁娶等方面所表现出来的风俗习惯也各有差异。不同民族之间各有差异的风俗习惯是吉尔吉斯斯坦多彩人文活动的重要组成部分。吉尔吉斯斯坦传统节日包括肉孜节、纳乌鲁斯节、古尔邦节等，还有一些现代的节庆活动，如旅游节、文化节等。除此之外，吉尔吉斯斯坦历史上有着诸多文化名人，我国唐代著名诗人李白的出生地碎叶就在今吉尔吉斯斯坦境内的托克马克市附近。

（二）吉尔吉斯斯坦旅游业发展的特点

2010年，吉尔吉斯斯坦政局动荡，旅游业遭受重创，政府采取了一系列的措施和对策来促进旅游业的回暖复苏。2016年，吉尔吉斯斯坦的境外游客数量为290万人次，已经达到并超过了2010年政局动荡之前的境外游客数量。吉尔吉斯斯坦旅游业的发展呈上升态势，有利于解决吉尔吉斯斯坦的贫困和失业问题，[①]但吉尔吉斯斯坦旅游业发展存在的问题在一定程度上制约了其功能和作用的发挥。

1. 旅游业发展不平衡

吉尔吉斯斯坦旅游业发展不平衡，主要体现在时间和空间两方面。从空间上来看，大部分游客集中在伊塞克湖北岸，37%的旅游企业集中在伊塞克湖州，除此之外，首都比什凯克市以其独特的城市旅游和较为完善的基础设施也吸引了大部分游客，全国22%的旅游企业集中分布在此，11%分布在贾拉拉巴德州，10%分布在纳伦州，6%分布在楚河州，5.8%分布在奥什市，8%分布在其余各州。[②]从时间上来看，吉尔吉斯斯坦旅游客源量呈现出较大的季节变化。伊塞克湖所处地理环境特殊，湖水冬季不结冰，四周的高山冰雪融水流入湖中，即使在夏季，也只有靠近岸边的水可以被加热到21℃~23℃，因此，游客们几乎都在夏秋两季去伊塞克湖度假，以便更好地享受湖水、阳光加沙滩式的度假。[③]

2. 旅游客源市场单一化

吉尔吉斯斯坦的旅游客源市场单一，大多来自独联体国家，独联体国家以外的游客数量较少。2016年，92%的境外游客来自独联体国家，独联体国家以外的游客只占8%。客源国主要包括哈萨克斯坦、俄罗斯、塔吉克斯坦、乌兹别克斯坦等，独联体国家以外的游客主要来自德国、土耳其、中国和美国等。2016年，吉尔吉斯斯坦旅游服务出口额为4.156亿美元，同比增长1.4%，其中对独联体国家，同比增长2.6%，而对独联体以

① 中华人民共和国驻吉尔吉斯共和国大使馆经济商务参赞处：《专家称发展旅游业有利于解决吉尔吉斯贫困和失业问题》，http://kg.mofcom.gov.cn/article/jmxw/201708/20170802622747.shtml，查阅日期：2017年10月15日。

② 中华人民共和国驻吉尔吉斯共和国大使馆经济商务参赞处：《2016年吉尔吉斯斯坦吸引游客290万人》，http://kg.mofcom.gov.cn/article/ddgk/201703/20170302532599.shtml，查阅日期：2017年10月15日。

③ 陈杰军：《伊塞克湖向投资者招手》，载《大陆桥视野》，2005年第8期，第29页。

外的国家，同比有所下降。[①]

3. 基础设施不完善

近年来，吉尔吉斯斯坦基础设施建设有了一定的发展，修建了许多干线直达公路，游客避免了绕行，节约了旅途的时间，此外还修建了一系列的休闲配套设施，游客的居住环境大为改善，但与一些旅游业发达的国家相比，其基础设施仍旧比较落后。以公路作为其运输方式，铁路所占比重较小，航空运输业发展缓慢，交通运输系统还不够发达，没有形成全国的交通运输网；居住环境较差，费用相对较高，住宿区的基本花费达到了著名旅游地区的标准，但其服务质量却没有达到其应有的水平。

4. 旅游发展政策严重滞后

吉尔吉斯斯坦政府把旅游业作为重点推广的项目，希望借助旅游业发展和改善本国的国际形象，并为此采取了一系列的政策措施来促进旅游业的发展，如实施“2014年旅游业发展措施计划”[②]，举办一系列的旅游博览会来提高旅游业的知名度，并取得了一定的成效。但旅游发展政策仍然严重滞后，旅游业发展的外在推动力不足。一是吉尔吉斯斯坦禁止国外企业私有土地，这严重打击了潜在投资者的积极性，阻碍了旅游业的境外投资。[③]二是旅游出入境不通畅，签证限制过多，海关检验免疫通道不顺畅，曾发生数起持团体旅游签证的中国公民被拒绝入境事件。三是旅游营销的宣传力度不够。吉尔吉斯斯坦在俄罗斯和哈萨克斯坦的旅游宣传工作做得

---

① 中华人民共和国驻吉尔吉斯共和国大使馆经济商务参赞处：《2016年吉尔吉斯斯坦吸引游客290万人》，http://kg.mofcom.gov.cn/article/ddgk/201703/20170302532599.shtml，查阅日期：2017年10月15日。

② 中华人民共和国驻吉尔吉斯共和国大使馆经济商务参赞处：《吉尔吉斯政府拟大力推动旅游业发展》，http://kg.mofcom.gov.cn/article/jmxw/201404/20140400566716.shtml，查阅日期：2017年10月15日。

③ 李宁：《近年来吉尔吉斯斯坦旅游业研究》，载《衡水学院学报》，2013年第4期，第110页。

较好，但是在欧洲、美国、中国等大市场的营销宣传力度不够。

5. 旅行安全风险大

吉尔吉斯斯坦仍存在一定的旅游安全风险。美国、日本以及欧盟等国曾将其列入本国公民旅游高危国家。①虽然近年来，吉尔吉斯斯坦政局总体上保持稳定，但其境内仍然存在着恐怖主义、极端宗教主义、民族分裂主义等非传统安全隐患势力，而且这三股势力还呈现出合流趋势，客观上阻碍了吉尔吉斯斯坦旅游业的发展。

6. 缺乏区域旅游组织

地区间的旅游行业合作，严格来讲，应具备两大基础：其一，政府签署的正式的国际间地区性旅游组织合作协议；其二，地区内有官方组织的国际旅游组织。中吉两国政府签署过多项涉及旅游领域合作的协议，但中吉两国乃至中国与整个中亚的地区都缺少官方组织的国际旅游组织。上海合作组织的框架内也缺乏专门的多边旅游合作组织机构，不能发挥作为政府之间、旅游企业之间以及政府和旅游企业之间的沟通桥梁作用，这也限制了中吉两国旅游合作的深入发展。

总之，吉尔吉斯斯坦旅游资源丰富，但其旅游业发展存在的种种问题以及有限的技术开发条件，制约了其旅游资源的高效开发与利用。中国开展吉尔吉斯斯坦旅游外交要充分利用吉国丰富的旅游资源，同时，减少其旅游业发展带来的问题。

---

① 中华人民共和国驻吉尔吉斯共和国大使馆经济商务参赞处：《美国、日本以及欧盟等国将吉列入本国公民旅游高危国家》，http://kg.mofcom.gov.cn/article/jmxw/201010/20101007184572.shtml，查阅日期：2017年10月15日。

四、中国对吉尔吉斯斯坦旅游外交战略构想

为了应对大国势力在吉尔吉斯斯坦地区的博弈，维护我国周边环境安全稳定，中国应依托庞大的客源市场以及较为先进的旅游开发与管理经验，充分利用吉尔吉斯斯坦丰富的旅游资源，同时结合其旅游业发展特点，具体提出中国开展吉尔吉斯斯坦旅游外交的战略构想及措施，以服务于国家整体外交，促进两国关系的平稳发展。

（一）中国对吉尔吉斯斯坦旅游外交的战略意义

中国开展对吉尔吉斯斯坦的旅游外交有利于深化两国的旅游合作与交往，加强两国之间的经济联系。首先，旅游外交可以促进新疆地区与吉尔吉斯斯坦的旅游交往与合作，加快两国边境旅游贸易的发展。新疆地区与吉尔吉斯斯坦相毗邻，两地生活着多个跨界民族，风俗习惯、宗教信仰上有相似之处。同时，古时两地同为“丝绸之路”的途经地，同为“古西域文明”地带，两国都存在着大量的文物古迹，具有同源互补性的特征。[①]因此，新疆具有开展对吉尔吉斯斯坦旅游外交工作的地缘文化优势。以新疆地区作为开展对吉尔吉斯斯坦旅游外交工作的前沿地带，充分联合两地的旅游企业，共同开发当地互补性旅游资源，鼓励两国民众的旅游往来，开展“丝绸之路”旅游、边境旅游、生态旅游、文化旅游等，可以密切两国之间的资金、技术、人员沟通往来，带动两国边境地区经贸合作与发展。其次，旅游外交可以促进吉尔吉斯斯坦引入中国的外资与先进的旅游开发管理经验，实现中吉两国旅游业发展的双赢。近年来，我国旅游业发展水平不断提升，积累了较多的先进开发与管理经验。中国开展对吉尔吉斯斯坦的旅游外交工作，有利于中国的外资和先进的旅游开发管理经验

① 陈荣婕、熊关：《我国新疆与中亚次区域开展旅游合作的战略思考》，载《理论导刊》，2010年第7期，第65页。

“走出去”。一方面促进吉尔吉斯斯坦旅游基础设施的完善，提高旅游业的发展管理水平，弥补其旅游业发展局限；另一方面，有助于实现中国旅游企业的海外发展，更好地促进两国旅游企业之间的对接合作，提高吉尔吉斯斯坦旅游资源的开发与利用率。

另外，中国开展对吉尔吉斯斯坦的旅游外交有利于两国民间交往的深入，促进民间外交的发展。旅游是传播文明、交流文化、增进友谊的桥梁，是增强人们亲近感的最好方式。①通过旅游交往，可以促进中华文化的对外传播，增强两国民众之间的文化交流，加深相互认知和理解。同时，加强与吉尔吉斯斯坦境内的华人华侨以及团体组织的文化交流与联系，充分发挥相关民间机构的作用，使吉尔吉斯斯坦民众切实感受到中国和平崛起所带来的便利和效益，提升对中国发展情况的了解程度，认识中国是追求和平发展的大国，有利于塑造中国负责任的大国形象。

（二）中国对吉尔吉斯斯坦旅游外交的战略定位与政策理念

苏联时期，整个中亚都属于苏联的势力范围，吉尔吉斯斯坦的地缘战略意义并未完全凸显。20世纪90年代初，吉尔吉斯斯坦独立，尤其是近年来随着中国综合国力不断增强，加之吉尔吉斯斯坦政局不稳，大国势力博弈加剧，吉尔吉斯斯坦在我国中亚战略中的地位迅速提升。聚焦到两国旅游外交领域，其战略定位包括以下几点：一是加强经济往来，二是实现民心共通，三是服务整体外交，四是维护地区安全，五是树立大国形象，最终将中吉旅游外交打造成中国—中亚乃至“一带一路”旅游外交的典范。

中国发展对吉尔吉斯斯坦的旅游外交关系，首先应坚持“睦邻、安邻、富邻”的周边外交政策，贯彻“亲、诚、惠、容”的周边外交理念，打造

---

① 徐万佳:《旅游外交：开拓发展新空间》，载《中国旅游报》，2017年1月27日，第001版。

周边国家利益共同体与命运共同体，[①]以实现周边地区的安全稳定作为旅游外交关系发展的前提；其次，贯彻“和平合作，开放包容，互学互鉴，互利共赢”的16字丝路精神，努力加强政策沟通、设施联通、贸易畅通、资金融通、民心相通，[②]以实现两国的合作共赢作为旅游外交关系发展的指导思想；最后，以国家的旅游外交战略为导向，积极开展“一带一路”国际旅游合作，以政府作为发展旅游外交关系的主导力量，全面动员企业、民众等其他主体，开展不同层次的旅游外交活动，服务于国家的整体外交。

（三）中国对吉尔吉斯斯坦的旅游外交实施途径

目前，吉尔吉斯斯坦已将旅游业作为其经济发展的5个优先领域之一，[③]其旅游业发展取得了一定成效，但仍旧存在着一系列的问题。中吉两国的旅游合作也存在着一些局限——政府间旅游合作方向不明确、企业间合作化程度较低、民众间旅游交流存在障碍，同时，两国双向旅游市场处于起步阶段，双方互为旅游市场的情况和发展水平并不相称，[④]旅游合作还处于一个较低层次。近年来中国的旅游业发展迅速，与吉尔吉斯斯坦的旅游业发展相比，中国旅游业发展具有资金、技术、人才、管理经验等方面的优势。基于此，本文提出以下几条开展旅游外交的构想措施，希望提高中吉两国旅游合作化水平，深化两国关系的发展。

---

① 王兴斌：《让“旅游外交”成一大亮点》，载《中国旅游报》，2015年5月25日，第004版。

② 胡敏、曹兹刚、王杰：《以旅游外交助力中巴经济走廊的心理认同》，载《新疆社会科学》，2016年第6期，第81页。

③ 中华人民共和国驻吉尔吉斯共和国大使馆经济商务参赞处：《吉初步确定未来经济发展的五个优先领域》，http://kg.mofcom.gov.cn/article/jmxw/201705/20170502575228.shtml，查阅日期：2017年10月15日。

④ 金涛：《中国—中亚旅游合作现状与战略构想》，载《中国旅游报》，2017年6月27日，第003版。

一。中吉两国政府应采取相应措施，把保障游客生命安全放到第一位，为两国旅游外交关系的发展奠定安全基础。

（1）在上海合作组织的框架内，成立专门的中吉旅游安全保障部门或区域多边旅游安全保障组织，设置旅游目的地安全风险提示，制定应急处置预案和紧急救援措施，建立全天候、全方位、多语种救援旅游安全响应系统，加快严格的出入境游客安全管理制度和定额游客组团出行担保制度建设，以预防机制为主，应急和紧急救援措施为辅，完善旅游安全合作应急机制，将旅游应急体制建设作为政府考核评估的重要内容。此外，两国政府也应该完善旅游安全层面的立法，健全有关事故责任补助、赔偿等方面的法律法规，明确经营项目的执法主体和责任主体，形成事前审批、事中监管、事后积极救助的安全体制，增强相关部门执法力度，加大对威胁游客生命安全等不法行为的惩治力度。（2）充分发挥两国旅游企业以及民间机构团体的作用。旅游景点应加大对旅游安全保障的投入，加快旅游安全设施建设，做好相应预防工作，提高对突发安全事件的应对能力；旅行社应增强安全警示能力，确保相关旅游产品与线路的安全效益最大化。同时，通过创办中文报刊以及广播电台等方式，加强与吉尔吉斯斯坦境内的华人华侨团体的交流与联系，如中亚华人华侨友好协会、华人民族联合会等，一方面可以帮助华人华侨更好地了解中国的发展状况，另一方面也可以为中国游客提供相应的安全咨询与保障，深入两国的民间交流。另外，中吉两国游客也应该增强旅游安全意识，充分了解旅游目的地的安全状况以及风土人情、生活习惯等，提高自我保护能力。总之，旅游安全体系建设是一个系统工程，需要政府、旅游企业、游客等多方协力作用，以确保游客的旅行安全。

4. 加强吉尔吉斯斯坦旅游基础设施与服务设施建设

旅游便利化是旅游业发展的一个重要指标，便利化的三个方面（交通、手续、服务）是相互影响、相互促进的一个有机系统，任何一方没有做好都会影响到整个旅游目的地的旅游便利化水平。[①]吉尔吉斯斯坦旅游业发展存在不足，旅游便利化的三个方面都有所欠缺。中吉两国政府应共同协商，采取相应措施，提高吉尔吉斯斯坦旅游便利化水平。

（1）加强交通基础设施建设。吉尔吉斯斯坦境内山地众多，经济发展水平落后，受地形以及资金技术等因素的影响，现阶段仍以公路作为主要运输方式。吉尔吉斯斯坦政府可以通过中国政府获得融资支持，也可以通过亚投行、丝路基金等工程项目获得资金来源，加快对破旧损坏公路的维修，促进高速公路的建设与发展，形成完善的全国公路运输网；同时，中吉两国政府应就技术、资金以及修建路线等方面积极协商，充分考虑各种影响因素，求同存异，尽快将中吉乌铁路建设提上日程；适当加大对航空基础建设等方面的投资力度，提高大型城市的航空运输水平，实现部分中型城市的航空运输等，加快完善交通运输系统。（2）加强吉尔吉斯斯坦旅游服务网络建设。简化出入境手续，加快吉尔吉斯斯坦居住、医疗、通讯、金融等方面的服务设施建设，根据消费者需求的不同，打造多层次、多方面、多元化的服务场所与模式，全面加强旅游服务网络建设，实现真正意义上的交通、手续、服务一体化。（3）推出两国区域精品旅游路线，充分发挥旅游产业的联结作用，为两国民众旅游观光提供更为便利的旅游线路服务。一是打造以喀什地区为终始点的中吉小环形区域精品旅游路线：喀什地区 — 奥什 — 纳伦 — 比什凯克 — 卡拉克尔 — 阿克苏地区（新疆）— 喀什地区。此路线区域内交通基础设施相对落后，主要以公路作为主要的交通方式，铁路交通方式所占比重较小，故以小环形状呈现出来。二是打造以乌鲁木齐市为终始点的中吉大环形区域精品旅游路线：乌鲁木

① 刘蕊萍:《中国参与次区域合作研究 —— 以大湄公河次区域为研究对象》，西南财经大学硕士学位论文，2007年，第54页。

齐市 — 伊犁州 — 比什凯克 — 奥什 — 喀什地区 — 乌鲁木齐市。此路线区域内交通基础设施相对完善，各个地区都有机场存在，可以以飞机作为主要交通方式，故以大环形状呈现出来。

5. 提高旅游营销力度

如前所述，中国 — 吉尔吉斯斯坦双向旅游市场还处于起步阶段，往来旅游的游客数量较少，双方应该加大旅游营销力度，推动区域旅游合作升级。

（1）中国幅员辽阔，旅游资源类型多种多样，存在着区域内旅游资源和风光的差异。围绕共同旅游资源开发的大、中、小型旅游企业，应减少行业竞争与保护主义，实行联合营销，减少营销的成本与费用，共同打造区域内独具特色的旅游品牌，以区域旅游企业的整体形象面向吉尔吉斯斯坦，对其开展旅游营销；专门为吉尔吉斯斯坦民众建立市场面广、服务产品种类多样的旅游营销系统，方便其在线认知、了解、购买等。（2）中吉两国政府应发挥引导作用，充分利用“互联网+旅游”技术，构建中吉两国数据共享平台，为两国旅游企业在投资合作等方面提供数据参考与支持；加快旅游产业合作化，借鉴“互联网+”发展模式，促进“旅游+新业态”模式的发展，提高产业要素的流通效率，为旅游营销发展提供坚实动力。在旅游营销过程中，要充分考虑到两国语言以及文化等方面的差异，寻找两国文化发展的契合点，提高彼此之间的认同感，促进民间经济与文化交流。

6. 加快两国旅游中心城市建设

旅游中心城市具有旅游吸引物丰富、旅游需求旺盛和交通辐射能力强等特点，它担负着区域内外旅游客源的组织以及形成区域旅游集散网络的重要功能。[①]中吉两国旅游中心城市建设以及相互对接，有利于改善吉尔吉斯斯坦旅游客源市场单一化以及旅游业时空发展不平衡等状况。

中国可以在与吉尔吉斯斯坦相毗邻的新疆地区，依托边境旅游明星城市，将其打造成中吉旅游交往的中心城市和区域。首选的新疆地、市有喀什地区、伊犁州、乌鲁木齐市。

（1）喀什拥有与吉尔吉斯斯坦旅游中心城市对接的资源、政策、区位以及交往基础。喀什地区拥有多个国家级和自治区级旅游景点，旅游资源丰富，同时喀什市是中国优秀旅游城市之一，建设有喀什特区，政策优势明显，拥有两个对吉尔吉斯斯坦开放的边境口岸——伊尔克什坦和吐尔尕特口岸。除此之外，喀什还举办过一系列的旅游节庆活动。宣传《玛纳斯》文化，第二届玛纳斯国际文化节曾在喀什举办。（2）伊犁州旅游资源丰富，拥有巴尔喀什湖、那拉堤大草原以及霍尔果斯口岸等景点，素有“不到伊犁不知新疆之美”的盛名，其州府伊宁市是新疆的第二大城市，也是国家级优秀旅游城市，基础设施建设较为完善，具备与吉尔吉斯斯坦旅游中心城市对接的良好合作基础。（3）乌鲁木齐市是新疆的首府，交通基础设施完善度较高，拥有我国西北地区最重要的航空枢纽之一，可以与中亚五国全面通航，到达吉尔吉斯斯坦首都比什凯克仅需两个小时左右，[②]便利的交通条件使得乌鲁木齐市有着与吉尔吉斯斯坦旅游中心城市对接的交通优势。

吉尔吉斯斯坦旅游友好城市可以选择首都比什凯克，第二大城市奥什，伊塞克湖湖畔城市卡拉克尔，丝绸之路世界文化遗产点碎叶城，公路枢纽纳伦等。两国旅游中心城市对接建设，有利于推进中吉地市层面的旅

---

① 韩芳:《新疆南疆五地州旅游空间整合研究》，新疆师范大学硕士学位论文，2007年，第43页。

② 王辉、刘敬华、杨兆萍:《新疆跨国旅游合作结构模式研究——基于空间区位选择视角》，载《人文地理》，2014年第2期，第158页。

游交往与合作，推动两国旅游合作的网络化发展。

五、中国对吉尔吉斯斯坦旅游外交关系展望

从目前来看，中国发展吉尔吉斯斯坦的旅游外交关系会受到一些内外部因素的影响。一方面，吉尔吉斯斯坦社会经济发展脆弱，政治体制转型艰难，旅游业发展过程中存在不足，另一方面，我国发展仍处于重要战略机遇时期，前景十分光明，挑战也十分严峻，工作还存在许多不足。同时，在外部环境方面，受大国博弈、地缘环境以及非传统安全因素的影响，吉尔吉斯斯坦地区安全环境的不稳定。这些内外因素增加了中国对吉尔吉斯斯坦发展旅游外交关系的难度和复杂性，两国旅游外交关系的发展面临一定的威胁与挑战。

立足当下，回首过去，展望未来，可以说，中国对吉尔吉斯斯坦发展旅游外交关系机遇大于挑战，发展前景广阔。首先，中吉两国比邻而居，交往历史悠久，近年来双方政治、经济、文化等领域的交流不断深化，双边关系已发展为战略伙伴关系，合作形式日益多样。其次，中吉两国旅游资源具有较强的互补性，旅游业发展潜力巨大。最后，“一带一路”建设为中国发展对吉尔吉斯斯坦的旅游外交关系提供了历史性的发展机遇。“一带一路”建设以旅游业作为优先合作领域，可以充分发挥旅游外交的独特优势，全面深化政府、旅游企业以及民间的旅游往来，有利于深入挖掘两国历史文化与生态旅游资源，全面构建中吉丝绸之路文化旅游与生态旅游先行带。从长远来看，“一带一路”建设有利于推动中吉两国区域旅游合作一体化，增强区域旅游发展的动力，可以为中国对吉尔吉斯斯坦发展旅游外交关系注入更加丰富的内涵和崭新的活力。

总之，中国与吉尔吉斯斯坦旅游外交关系发展前景广阔，机遇与挑战

并存。旅游外交作为一种独特的外交形式，有其自身的优势和特点，将来可以被更多应用于“一带一路”沿线国家之间的往来，能够促进“一带一路”国际旅游合作，深化中国与“一带一路”沿线国家关系的发展，全面打造“一带一路”命运共同体与利益共同体。同时，也需要具体研究旅游外交的实施途径以及限制性因素等，更多关注旅游外交的可行性与有效性，对旅游外交的效用进行评析。

中国与斐济旅游外交研究[①]

刘建峰　刘　晶[②]

摘要：随着国际旅游合作进程的快速发展，中国积极搭建多双边旅游合作平台，深化与目的地国家的旅游合作，旅游援助项目稳步推进，使旅游事业的外交含蕴逐渐显现出来。旅游业是斐济的支柱产业，随着中国与斐济国际旅游合作进程的顺利推进，旅游外交将在中国与斐济的外交关系中发挥重要的作用。强化南太平洋旅游组织地位、积极利用旅游客源拓宽人文交流、旅游援助改善岛国的旅游环境、举办常态化的旅游年活动、鼓励旅游企业走进斐济将有利于中国与斐济旅游外交关系的发展，不断丰富中国特色大国外交的内涵。

关键词：旅游外交；斐济；中国特色大国外交

---

① 本文系山东省社会科学规划项目智库专项："一带一路"倡议下山东省对接太平洋岛国旅游外交的战略对策研究（项目编号：18CZKJ03）、国家旅游局万名旅游英才计划研究型英才培养项目：中国开展太平洋岛国旅游外交的战略意义及有效途径研究（项目编号：WMYC20171067）的研究成果。

② 刘建峰，中央民族大学博士研究生，聊城大学副教授，主要从事旅游外交研究、旅游规划与开发研究。

刘　晶，湖南师范大学旅游学院2018级硕士研究生，主要从事旅游地理研究。

Study on Tourism Diplomacy between China and Fiji

LIU Jianfeng LIU Jing

Abstract: With the rapid development of international tourism cooperation, China has actively built a multilateral and bilateral tourism cooperation platform, deepened tourism cooperation with destination countries, and steadily promoted tourism assistance projects, making the diplomatic undertone of the tourism industry gradually emerge. Tourism is a pillar industry of Fiji. With the smooth progress of the international tourism cooperation between China and Fiji, tourism diplomacy will play an important role in the diplomatic relations between China and Fiji. Strengthening the status of the international tourism organization, steadily promoting the foreign tourism strategy, strengthening the tourism infrastructure assistance, deepening the normal development of the tourism year, and actively guiding the tourism industry to reach out will be conducive to the development of the tourism diplomatic relations between China and Fiji, and constantly enrich the connotation of major–country diplomacy with Chinese characteristics.

Key words: Tourism diplomacy; Fiji; Major–country diplomacy with Chinese characteristics

进入21世纪以后，我国的出境旅游市场发展迅速，中国不仅成为世界第一大客源输出国，也开始在世界和区域旅游组织中发挥重要作用，旅游外交便浮出水面。梅毅认为："广义上的旅游外交应当包括一切旅游对外活动，既有战略层面上的意动，也有实践层面上的行动。"①王兴斌提出："旅

① 梅毅:《旅游外交与中国和平发展》，武汉大学博士学位论文，2006年。

游外交既包括中外国家间旅游官方机构的交往，又包括中外游客、旅游企业、行业组织与机构之间的交往；既包括中外文化交流，又包括中外旅游经营、服务和投资等经济交流。”①郑岩指出：“旅游外交具有一定的非正式性和很强的民间色彩，可以界定为基于国与国之间游客互动而产生的一种外交行为。”②梅毅和王兴斌两位学者更侧重旅游外交的内容，郑岩则关注到了旅游外交的参与主体。要界定旅游外交的内涵，必须牢牢把握“旅游”和“外交”的双重特性。作为一种外交形式，旅游外交应是政策权威的行为，但实施却需要以旅游流为媒介。基于这种认识，笔者将旅游外交界定为：在一国政府的授权和指导下，某一具有合法身份和代表能力的旅游当局、旅游机构和组织，通过游客对旅游吸引物的鉴赏和旅游流，与其他国家的官方和非官方机构开展的旅游交流活动，最终实现国家形象的建构和国家间价值观的正向认同。当前旅游外交的研究工作仍处于探索阶段，研究议题多围绕旅游外交的性质定位、影响意义以及实施途径等。③那么，随着“一带一路”倡议的不断推进，中国实施旅游外交的基础和路径是什么？对于此类问题的学术研究成果弥足珍贵。

斐济地处南太平洋的中心位置，战略地位非常重要。中国与斐济已建

① 王兴斌：《让“旅游外交”成一大亮点》，载《中国旅游报》，2015年5月25日，第004版。

② 郑岩：《旅游外交：国家外交新领域新亮点》，载《学习时报》，2015年7月23日，第008版。

③ 代表性成果有：胡敏、曹兹纲、王杰：《以旅游外交助力中巴经济走廊的心理认同》，载《新疆社会科学》，2016年第6期，第79—82页；高梓菁：《“旅游外交”对中日关系的作用和影响》，上海外国语大学硕士学位论文，2016年；邹统钎、胡莹：《旅游外交与国家形象传播》，载《对外传播》，2016年第5期，第22—24页；赵晓帆：《旅游外交视角下环渤海湾区域入境旅游影响研究》，广西师范大学硕士学位论文，2017年；王鹏飞、魏翔：《旅游外交与构建我国新型国家关系问题探析》，载《现代管理科学》，2017年第12期，第109—111页；张瑛、刘建峰：《中国开展吉尔吉斯斯坦旅游外交的战略思想及路径选择》，载《中央民族大学学报（哲学社会科学版）》，2018年第4期，第54—61页；张瑛、刘建峰：《新时代大国特色外交视野下旅游外交研究》，载《思想战线》，2018年第4期，第1—9页。

立了相互尊重、共同发展的战略伙伴关系。2014年11月，习近平主席对斐济的国事访问使两国关系迈入了新的历史阶段。旅游业是斐济的支柱产业，中国庞大的出境游市场，以及日益成熟的旅游开发经验对于斐济旅游业的发展具有重要意义。中国对斐济的旅游外交可以进一步夯实中国与斐济国家外交关系的社会基础，实现民心相通，增进双方的友谊，也有助于实现中国旅游业的海外发展，提高我国旅游业的国际竞争力。本文基于中国国际旅游合作的现状，从中国与斐济旅游外交的现实基础出发，探索中国对斐济旅游外交的主要路径，致力于为中国开展太平洋岛国旅游外交提供思路和借鉴。

一、中国国际旅游合作的发展现状

旅游是增进民间交往，促进民众感情交流的重要载体。随着我国出入境旅游市场在国际上的地位日益上升，旅游在国家对外交往中扮演着越来越重要的角色。国际旅游合作为国家间的外交关系注入了新的内涵与动力。“一带一路”倡议提出后，中国积极搭建多双边旅游合作平台，深化与目的地国家的旅游合作，旅游援助项目稳步推进，使旅游事业的外交含蕴逐渐显现出来。

（一）积极搭建多双边旅游合作平台

在“一带一路”和“人类命运共同体”的倡议下，我国国际旅游合作的进程加快，中美、中欧、中俄、中日等大国旅游关系稳步发展，中国与周边国家的国际旅游合作的机制不断完善。中国已经成功举办首届世界旅游发展大会、“一带一路”旅游部长会议、中俄蒙旅游部长会议、中国—中东欧旅游高级别会议和首届上合组织旅游部长会议，相继与美国、俄罗斯、欧盟、韩国、东盟、新西兰和澳大利亚等国家和地区举办一系列旅游年活动。此外，我国还出席了联合国世界旅游组织第22届全体大会、第八届二十国集团（G20）旅游部长会议。中国正成为影响国际旅游格局的重要力量。

（二）深化与目的地国家的旅游合作

中国深化务实与目的地国家的旅游合作，使旅游更好地服务国家外交大局。主要表现在：（1）签证政策：为了更好迎接中国游客，许多国家对中国游客实施了免签、落地签、签证费减免等便利化措施。截至2018年初，持普通护照的中国公民可以享受入境便利待遇的国家和地区增加到66个，其中包括12个可互免普通护照签证国家，15个单方面允许中国公民免签入境，39个单方面允许中国公民办理落地签证。（2）便捷支付：国际旅游合作还涉及到金融领域，国民跨境消费与支付在双边旅游合作中更加便利。银联网覆盖了境外168个国家和地区，其中38个国家和地区的30多万家商户可为中国游客提供便捷的退税服务。①（3）中文服务：中文服务为中国游客出境营造了便利的外部环境条件。2018年“中国 — 欧盟旅游年”期间，欧洲企业采用中国旅游研究院“欢迎中国（Welcome Chinese）”的认证标准，为中国游客提供中文导游、中文标识、解说系统、中文菜单和互联网接入等便捷服务。②

（三）旅游援助项目稳步推进

旅游援助一方面基于我国庞大而快速增长的出境客源市场优势，另一方面则是源于发展中国家社会经济发展的迫切需求。例如，在中国与斐济互免签证的前提下，中国赴斐济旅游人数逐年增长。近年来，中国已经成

---

① 银联网：《2018年春节出境游升级大数据报告》，http://www.unionpayintl.com/cn/mediaCenter/newsCenter/companyNews/3658.shtml，2018-02-28。

② 中国旅游研究院：《“中欧旅游年”四大利好 七国免签落地签 —— 2018年欧洲游趋势报告（第一季度）》，http://www.ctaweb.org/html/2018-5/2018-5-18-15-35-78310.html，2018-5-18。

为斐济增长最快的海外市场，跃居第四大客源国。大规模的游客流动需要相应的旅游设施作为支撑。中国在建设高档酒店与会议设施、修建道路桥梁以及组织旅游人才培训等方面提供了大量的旅游援助。据斐济统计局数据，2016年中国是斐济第三大贸易伙伴国，中国投资者占斐济吸引外国投资项目总数的46.7%。2017年，斐济正式加入中国主导创立的亚洲基础设施投资银行。中国将以旅游实现两国互惠，在斐济的旅游基础与接待设施建设中扮演重要角色。

二、中国与南太平洋地区国际旅游合作进程

随着中国“21世纪海上丝绸之路”倡议的不断推进，我国与南太平洋岛国的国际旅游合作不断取得深入发展，主要表现在旅游签证、旅游交通、市场推广和国际组织框架下的合作4个领域。（1）旅游签证。斐济、瓦努阿图、汤加、巴布亚新几内亚、密克罗尼西亚、萨摩亚、法属波利尼西亚和法属新喀里多尼亚8个国家和地区通过与中国签订签证协议，成为中国公民组团出境旅游目的地。（2）旅游交通。近几年，中国相继与帕劳开通澳门至帕劳直通航班，与斐济和巴布亚新几内亚开通香港至两国首都的直航。此外，邮轮旅游成为中国与南太平洋岛国增进旅游合作的新方式。2016年11月，两千多名中国游客乘坐“歌诗达 — 大西洋号”游轮开启了46天环游南太平洋的旅程，汤加迎来首个大型中国旅游团。（3）市场推广。凯撒旅游先后涉足汤加、斐济、瓦努阿图以及库克群岛等地，与太平洋岛国驻中国使团签署“蔚蓝丝路”旅游联合声明，为太平洋岛国在中国市场的推广和培育开启了新的篇章。（4）国际组织下的合作。南太平洋旅游组织（SPTO）每年协同太平洋岛国旅游局定期参加由中国主办的“中国国际旅游交易会”，2017年中国国际旅游交易会就有萨摩亚、新喀里多

尼亚、巴布亚新几内亚旅游局及地接社展商共同参展。

我国与南太平洋国际旅游合作已经呈现出旅游外交的含蕴，具体体现在旅游高层互访、国际旅游会议和友好城市等方面。2015年，中国与汤加王国签署了第一份旅游合作备忘录，切实推进了中国与汤加的旅游合作。国际旅游合作正在推动旅游在外交事务中发挥独特的作用。2016年5月，首届世界旅游发展大会在中国北京开幕，瓦努阿图副总理兼旅游商务部长乔·纳图曼作为参会外国贵宾发表的主旨演讲，丰富了旅游业交流合作的成果。[①]2017年5月，广东江门市与斐济劳托卡市签订友好城市备忘录，共同缔结为友好城市。斐济工贸和旅游部部长菲亚兹·科亚表示期待双方提升合作水平，共同谱写友好合作的新篇章。

三、中国对斐济旅游外交的现实基础

（一）旅游产业成为斐济的支柱产业

斐济历史文化悠久，自然景观独特，区位优势明显，旅游业发展具有得天独厚的条件，享有“全球十大蜜月度假地”之称。斐济位于南太平洋的中心，日益成为南太平洋旅游中心地，吸引着来自世界各地的游客。据斐济统计局数据显示，近5年来，斐济旅游业呈现出持续增长的趋势，入境旅游人数增长均创新纪录。2017年，赴斐济旅游的外国游客总数超过84万人次，较2016年同期增长6.4%，为斐济旅游业创收超过8.593亿美元。具体见表1。

---

① 人民网:《首届世界旅游发展大会5月19日在京开幕》，http://travel.people.com.cn/n1/2016/0519/c41570-28363557.html，2016-05-19。

表 1　斐济旅游总人次与旅游业总收入（2013—2017）

	2013	2014	2015	2016	2017
旅游总人次（人次）	657706	692630	754835	792320	842884
旅游业总收入（亿美元）	6.292	6.704	7.447	7.651	8.593

数据来源：根据斐济统计局报告整理（所有数值均以2017年不变价格和汇率计算）①

旅游业一直是斐济的支柱性产业，在拉动经济、吸纳就业、招商引资等方面都发挥了重要作用，对经济增长和社会发展做出了突出的贡献。据世界旅游及旅行理事会（WTTC）报告显示，2017年斐济旅游业对GDP直接贡献达7.04亿美元，约占GDP的14.4%；对GDP综合贡献达19.66亿美元（GDP占比高达40.3%），见图1。旅游业直接和间接就业11.85万人，占斐济就业总人口的36.5%，解决了国内近1/3的就业问题，见图2。庞大的游客数量带来可观的消费与投资额。2017年海外游客消费额达到11.94亿美元，几乎占全年出口总额的一半。旅游业涉及的资本投入为2.36亿美元，占全部投资总额的24.3%。②斐济政府高度重视旅游业的未来发展走向，尤其是可持续发展下旅游收益如何长期增长的问题。2017年斐济工业、贸易和旅游部门出台了2021斐济旅游计划（Fiji Tourism 2021）。它涉及9个专题领域和29个战略方案，是斐济旅游领域最重要的发展计划，其目标要在2021年年底突破93万游客到访量和22亿斐济元的收益。

---

① *Fiji Bureau of Statistics*, http://www.statsfiji.gov.fj/latest-releases/tourism-and-migration/visitor-arrivals。

② *The World Travel & Tourism Council*, https://www.wttc.org/-/media/files/reports/economic-impact-research/countries-2018/fiji2018.pdf。

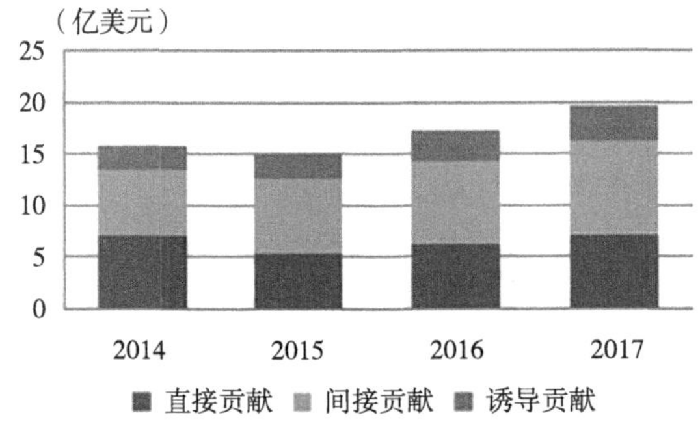

图 1 斐济旅游业对 GDP 的综合贡献（2014—2017）①

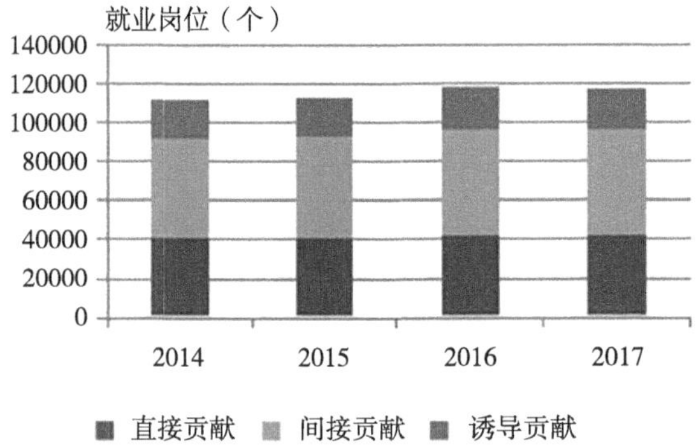

图 2 旅游业对斐济就业的综合贡献（2014-2017）

但由于受到气候变化的严重影响，斐济旅游业发展受到一定的限制。2010年至2017年间，斐济共遭遇了3次热带飓风和2次严重洪水，2016年的温斯顿飓风（Hurricane Winston）造成位于斐济北部地区的部分旅游景点暂时关闭，经济损失难以计数。频发的自然灾害，不仅增加了防范自然灾害的花费，也极大限制了斐济旅游业的稳定发展。

① *Fiji hotel and tourism association*，https://fhta.com.fj/wp-content/uploads/2017/02/Fijian-Tourism-2021.pdf。

（二）赴斐济的中国游客市场潜力巨大

中国出境旅游市场经过20年的高速增长后，出境旅游市场的规模稳步扩大，连续四年蝉联世界最大的出境游市场，出国人数每年可达到12%的增长速度。日益富裕的中产家庭预计在2021年成为出境旅游增长的主要群体。[①]根据中国旅游研究院发布的《2017年中国出境旅游大数据报告》，2017年中国公民出境旅游突破1.3亿人次，国际旅游支出达1152.9亿美元。周边国家和地区是中国主要的出境旅游目的地，尤其是东亚、东南亚地区。中国成为韩国、越南、泰国、日本和马尔代夫等国家的第一大入境旅游客源地。虽然赴海岛的游客约占到我国出境总人数的1/3，但中国赴斐济的旅游人数较少。据南太平洋旅游组织（SPTO）统计，2017年中国赴斐济旅游的游客人数为4.8万人，不足出境旅游总数的0.037%。

斐济的主要旅游客源市场是澳大利亚、新西兰、美国、欧洲、中国和英国。2017年全年，斐济入境旅游人数共84万人次。和多数太平洋岛国和地区一样，澳大利亚和新西兰是斐济的主要客源地，其游客人数分别约占斐济游客总量的43.4%和21.9%。澳大利亚、新西兰、美国、中国等大市场的海外游客占海外游客总数的80.7%，而中国赴斐济的游客只占总数的5.8%，是其第四大客源市场，见图3。从2013年至2017年，中国赴斐济访客量累计涨幅近1.08%，远远超过其他客源地国家，成为斐济海外游客增长速度最快的客源国。纯净原始的自然海景，吸引着中国游客前往斐济，但也存在着一些限制因素阻碍中国游客前往。

① 中国网:《中国成为最大出境客源市场　出境游人数年增长12%》，http://www.china.com.cn/travel/txt/2017-03/31/content_40533980.htm，2017-03-31。

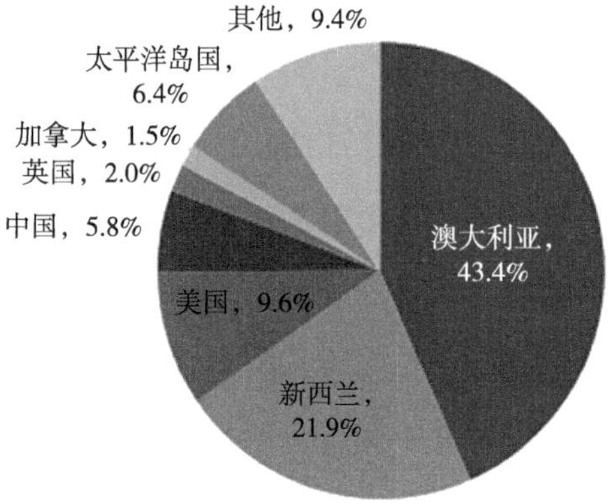

图3 2017年斐济入境旅游市场结构状况

根据艾威联合旅游顾问机构最新发布的《2018年5月出境旅游价格指数报告》，海岛自由行产品中，价格最高的为斐济旅游产品，均价为16160元；而价格最低的为普吉岛产品，均价只需4973元。① 中国大陆与斐济并未开通直通航班，中国大陆赴斐济游客需要中转香港等地区。高昂的费用和漫长的时间大大阻碍了中国游客前往斐济度假的热情。入境斐济的职业身份主要包括政府官员、专业领域人员、服务业人员和学生4类群体。游客层次缺乏多样化，以非消遣性旅游为主。这也从侧面说明了斐济的中国旅游市场空间极其广阔，尤其是在持有护照的中国公民仅占5%，美国则高达40%的比例下，中国出境赴斐的旅游人数更具备持续增长潜力。

① 中国出境旅游国际论坛:《2018年5月份出境旅游价格指数报告发布》，http://www.outbound-tourism.cn/Index_consultativedetail.html?id=0d6977fd9150bfd60e6c3f7a3411847b，2018-04-28。

四、中国对斐济旅游外交的路径选择

（一）强化南太平洋旅游组织地位

在南太平洋地区中，南太平洋旅游组织是联结斐济与中国两国旅游业发展的国际旅游组织。中国2004年正式加入南太平洋旅游组织，成为该组织接纳的第一个区域外大国。南太平洋旅游组织将在中国与斐济旅游外交关系发展中发挥重要作用。

其一，深化拓宽中斐旅游合作平台。中国应在南太平洋旅游组织框架下，在斐济设立文化和旅游办事处，两国旅游官员进行定期会晤和联席会议，通过实施中短期发展计划来推进整体旅游事业的发展。联手制定斐济旅游人才培训项目，依托中国高校的旅游师资力量，与斐济旅游管理类机构与学校开展行业培训教育，积极促进与斐济的旅游合作进程，实现政策互通和利益共享。

其二，积极推进旅游发展合作方案。中国可积极参与南太平洋旅游组织开展的各级别会议，在资金、技术和旅游经验等方面给予充分支持，以中国视角提出针对性旅游方案，利用大国外交优势，增强中国在南太平洋旅游组织中的话语权。此外，中国应和南太平洋旅游组织下的斐济官员共同推动制定《中国 — 斐济旅游合作纲要》，轮流举办斐济 — 中国旅游高峰论坛，利用旅游智库制定切实政策建议，开发斐济基础设施、促进旅游商贸增长。

其三，加大斐济在中国的营销力度。近年来，斐济在南太平洋旅游组织带领下参与过中国出境旅游交易会、中国国际旅游交易会等活动，但宣传力度有待进一步加大。一方面，中国可出台利好政策，积极促成南太平洋旅游组织设立驻华代表处，支持斐济旅游局及地接社在中国市场进行旅游推广，宣传斐济最新旅游产品资讯。另一方面，中国可提供信息和技术支持，为南太平洋旅游组织建设数字化旅游平台，尽快将各类旅游服务提供商（航空公司、斐济旅游社和度假村等）纳入斐济旅游局官方中文网站，使其及时更新在线销售系统，并能够无缝接入第三方分销渠道，比如亿客行（Expedia）和缤客（booking.com）等在线旅行社，提高中国与斐济双方的旅游合作效率。

（二）积极利用旅游客源拓宽人文交流

中国实施客源外交战略，将扩大中国游客在斐济旅游业中的海外市场份额。庞大的客源市场，不仅成为中国运用大国外交的资本，而且也以旅游这种方式促进着两国的人文交流。为吸引游客赴斐济旅游，中国可采取以下措施：

其一，开辟远程国际航线。依托庞大的客源市场基础开展旅游外交，需要签证和交通来推动形成中国与斐济的旅游客源输送机制。由于两国已互免签证，交通就成为目前制约双方旅游合作的关键因素，中国应与斐济更新于1997年签订的航空运输协定，[①]由中国民用航空局、文化和旅游部联合出台优惠政策，鼓励中国大型国际航空公司开通大陆地区至斐济的直达航线或旅游包机，尤其可优先开通广州、深圳直飞斐济的南方航线。尽快与斐济航空新增代码共享协议，中国游客或可搭乘往返于楠迪和斐济首都苏瓦、拉巴萨等热门旅游目的地的代码共享航班。便捷的中转服务，将点燃中国游客的出国旅游热情，大大增加赴斐济的游客输送量。

其二，加强旅游客源输送。由文化和旅游部提供交流合作平台，举办双边旅行商大会，支持中国与斐济旅游企业签订输送客源协议，可为中国旅行社设置定额目标人数，对每年组织中国游客赴斐济旅游，且完成目标的企业给予一定的政府财政支持或税收优惠政策。在中国旅行社官网上增

---

① 中国民用航空局:《中华人民共和国政府和斐济主权民主共和国政府民用航空运输协定》，http://www.caac.gov.cn/website/old/L1/L3/L3_147/L3_147_2/。

设介绍斐济旅游资源的链接，推出斐济不同时节的旅游精品线路。以中高消费人群为目标游客，并统筹开发中国潜在市场，开通直飞短期包机航线或以斐济为主的环南太平洋邮轮航线。促进旅游节庆双向互动，在中国重大旅游节庆展会上对斐济旅行商予以优惠政策，邀请斐济旅行商及旅游企业前往中国各省市来宣传推介优质旅游产品，逐渐提高中国民众对斐济的认可度。

其三，推动文化旅游合作。从政策沟通到民心相通，需要开展旅游文化交流团、中外旅游团体互访等活动，促进旅游人文交流。邀请斐济的旅游文化交流团前往中国，与国内旅游界青年学者举办旅游文化论坛，共同探讨中国如何利用两国文化面向斐济输送客源，找出最佳路径并制定相应的针对性措施。通过中国与斐济的旅游团体互访，架起两国文化交流友谊之桥。促进斐济在中国友好城市举办首届中斐旅游年、斐济艺术节、旅游文化巡回展演、斐济艺术家旅游采风作品展等重大文化交流活动。持续鼓励修学旅行、奖励旅游等大型团体访问斐济，可由政府出台面向各行各业的旅游互惠政策，如鼓励企业组织员工赴斐济进行奖励旅游活动。

（三）旅游援助改善岛国旅游环境

在“一带一路”倡议规划背景下，中国积极加强与斐济之间的旅游合作，通过无偿援助、优惠贷款等形式支持斐济旅游基础设施建设。截止到2018年，中资企业在斐济投资建设的领域涉及桥梁、道路、酒店和房地产等方面，如已竣工的纳布瓦鲁公路项目、斯丁森桥和瓦图瓦卡桥项目，以及尚在建设的万国友谊广场项目、丝路方舟温德姆酒店项目。这些项目改善了斐济闭塞的交通和急需升级的旅游配套设施。中国应在尊重斐济重视可持续自由发展政策的基础上，逐步扩大基建援助范围，提高斐济旅游业的整体服务质量。

其一，加强旅游交通设施建设。随着斐济入境旅客人数的增长，国际机场与港口均需要提高年接待旅客量，而问题在于部分场地设备简陋陈旧，难以满足运输需求。中国可通过中国进出口银行的优惠贷款项目，与斐济就基础设施工程建设签署政府间框架协议和贷款协议，也可利用丝路基金、亚洲基础设施投资银行、金砖国家开发银行等多边机制为斐济进行机场升级改造项目、国际码头扩建项目，全面提升斐济国际机场和港口的接待水平和运营能力。同时应与斐济积极协商，增加小型客轮或客机的航班航线，形成以维提岛为基地连接和辐射斐济各小岛的交通运输网络体系。对于岛内公路的升级改造也要提上日程，尽快修建联结各主要城镇的主干道，解决游客前往旅游目的地通行不便的问题。

其二，加强旅游服务设施建设。为了向游客提供便利高效的服务，中国可协助斐济进行旅游行业中涉及公共服务、交通服务和安全保障等多方面内容的规划建设。通过和斐济工业、贸易和旅游部门展开合作，中资企业可在楠迪、苏瓦等热门旅游地建设游客集散中心，旨在为海外游客提供旅游咨询、自助订票、数码充电、医疗救助等多样化服务。新建的候机大厅和公路服务站要同步完善道路标识、供水供电、垃圾污水处理、消防救援等配套设施，注重生态环保与实用功能相结合。此外，可邀请中国医疗和公安系统领域人员来访斐济，对急救中心和警卫工作人员定期开展安全教育培训，保障游客安全出游。

其三，加强旅游信息设施建设。中国应通过与斐济政府签订协约，共同推进斐济卫星通信系统升级，增加通讯网络地面接收站建设，改善斐济外岛上网络信号覆盖不足的问题。深化两国旅游信息交流与合作，通过运用中国先进的信息技术，和斐济统计局联手打造基于智慧旅游的大数据中心，将政府、景区酒店和游客三方数据随时进行监控与评析，利用互联网模式构建旅游信息平台，为斐济旅游业的发展提供决策支持与技术保障，提升游客的海岛体验感。

（四）举办常态化的旅游年活动

自中共十八大以来，旅游年作为旅游外交的重要载体，以旅游活动支持国家外交大局，夯实中国与世界增进认同、践行交流合作的基础。2012年中俄两国互办旅游年，旅游活动成果丰硕。随后中国相继举办中美、中韩、中印、中墨、中国—中东欧、中丹、中澳、中国—东盟、中瑞等旅游年活动，旅游年成为国际社会关注热词。在中国与南太平洋岛国发展友好国家关系、务实旅游交流合作之际，中国可以通过率先设立中斐旅游年，创新双边旅游合作方式，为斐济以及南太平洋岛国的旅游合作提供机遇和平台。

其一，实施中文培训助力旅游。斐济中国文化中心作为中国政府派驻南太平洋岛国的第一个官方文化机构，有能力筹备旅游年的前期工作。中国可展开以服务中斐旅游年为主题的中文教学及文化培训活动，由南太平洋大学孔子学院起草编写适用于旅游业实操的中文教学课本，将重点面向斐济工业、贸易和旅游部门等政府机构及旅游企业等，选择中国游客访问频繁的服务机构、热门景区和海岛度假村，对各级工作人员进行定期专项的文化培训，为中国游客前往斐济做好基础工作。

其二，首推高层互访深入合作。在首届中斐旅游年框架下，中国应发起中斐旅游高层对话机制，率领国内地方性旅游部门和大型旅游企业代表前往斐济，为双方旅游城市、旅游企业、旅游研究机构合作搭建平台。一方面，中国应和斐济深化对接城市合作，如北京、上海和广州等地可与苏瓦、楠迪等城市签署旅游伙伴城市备忘录，结成生态友好城市，并通过“友好到户”的方式拉近两国人民的友谊。另一方面，中国可采用“欢迎中国”认证组织，与斐济酒店和旅游业协会合作，选出中斐旅游年官方合作伙伴，通过双边旅游企业互访与合作，开展一站式旅游宣传活动，联手打造特色海岛线路产品，并提供出入境旅游保险、中文导游出游伴、24小时求助热线等服务，全面提升中国游客体验。

其三，建立长效机制落实措施。为推动中国与斐济旅游合作项目的长期发展，中国需与斐济共同组建旅游合作中心，建立工作联系机制。旅游高层定期互访，便利签证手续、开通飞机游轮航线，设立斐济Bula（斐济语，你好）旅游月，继续扩大双向旅游互访规模；加大投入旅游资金力度，开展旅游人才培训、旅游贸易合作，支持中资企业赴斐济开拓业务。中国应不断深入旅游合作，拓展旅游年常态化，为两国友谊与合作架设更宽广的桥梁。

（五）鼓励旅游企业走进斐济

除了通过基础设施项目援助改善斐济旅游环境外，中国还应出台并完善旅游优惠政策，引导和鼓励中资企业赴斐济投资旅游业，拓展与斐济的旅游贸易模式，共同推动两国旅游交流合作。

在“一带一路”倡议下，两国旅游合作前景广阔，但旅游企业入驻境外往往面临多重投资风险，其主要包括：一是时间问题。斐济由于注重生态环境，对资本账户管控较为严格，投资程序繁琐。旅游企业从注册到正式对外营业，需政府审批和手续检验的时间漫长。二是土地问题。部落传统土地或原住民土地占总面积的82%，这类土地作为特殊用途储备，不允许买卖，未经土著土地信托委员会（NLTB）同意也不能对外租赁。[①]在斐济进行投资时只能倾向于租赁政府土地和购买自由土地。三是用工问题。斐济政府重视本地劳工权益，要求外企对本地用工占有一定比例，周末和公共假日用工有严格规定，而外籍人员办理工作签证的难度正在加大，所耗用成本和时间难以计量。四是安全问题。社会治安方面总体情况良好，但针对华人华侨、中资企业和游客的刑事案件，如街头抢劫、入室盗窃等时有发生。在自然灾害方面，每年雨季易发生飓风、暴雨等灾害，导致各

① *The University of the South Pacific*, https://www.usp.ac.fj/index.php?id=13153。

类设施损坏、客源减少，旅游企业经济利益下降。

面对上述问题，中国应加强和斐济政府层面的沟通合作。在出访斐济会晤领导人，以及参加国际旅游会议之际，中国应尽快促成并签署中斐自贸协定，在斐济投资建设境外经贸合作区，组织商贸旅游团赴斐济考察，通过提供商业开发机遇，引导和鼓励旅游企业在斐济进行投资和并购，可行的具体措施如下:（1）出台减免税收优惠政策。落实企业境外所得税收抵免政策，创造有利的税务环境。放松跨国企业外汇管制，通过国家外经贸发展专项资金支持，帮助企业解决融资等问题，完善境外服务体系，保障企业合法利益。（2）完善境外管理服务。建立旅游业“走出去”工作协调机制，和斐济政府协商简化中国企业入驻斐济的审批程序。研究斐济投资相关政策，提供项目可行性的具体信息，指导企业理性有序投资，并针对具体问题为旅游企业提供相应解决举措。（3）规范旅游企业行为。要建立适应境外投资发展的技术学习机制，与当地酋长和居民保持良好关系，聘请本地员工，切实为斐济带来经济效益与就业机会。（4）提升旅游安全系数。要鼓励企业采取多元化保险策略规避各种风险，定期举办安全教育培训，建立突发事件应急机制，和斐济警方联合组成旅游警察，展开员工、游客人身安全和旅游企业的财产安全保障工作。

五、结语

旅游外交作为中国特色大国外交的重要内容，在进一步满足人民日益增长的美好生活需求的同时，也会通过人文交流夯实国家外交的社会基础，树立国家形象的正向建构。中国与斐济的旅游外交关系还会受到地缘环境以及非传统安全因素的影响。但总体来看，中国对斐济的旅游外交具有良好的前景。其一，中国与斐济已建立稳定的战略伙伴关系，双方政治和经贸往来不断深入；其二，中国与斐济旅游资源互补较强，国际旅游合作的切合点较多；其三，“21世纪海上丝绸之路”倡议在斐济顺利推进，为中国与斐济旅游外交关系提供了良好的发展机遇。

中国发展土库曼斯坦旅游外交的战略意义及构想

芮雪怡[①]

摘要：中亚地区是连接欧亚大陆和中东的战略要冲，是我国周边外交的重要板块，外交战略地位十分重要。而作为中亚国家之一的土库曼斯坦因地缘政治和能源贸易更是举足轻重。中国已成为世界第一大出境旅游客源国，出境游客的规模和消费能力不断提升，而土库曼斯坦拥有丰富的自然和人文旅游资源，因此两国旅游合作潜力巨大。考虑到土库曼斯坦特殊的外交环境以及中国与土库曼斯坦国家关系现状，中国应抓住机遇，基于双方共同需求，通过多种途径推动中土两国旅游外交的发展。尽管存在着诸多挑战与威胁，但随着两国之间旅游外交的发展会产生更多的经济和政治上的延伸意义。一方面可以促进中国同土库曼斯坦的旅游投资与贸易的发展；另一方面也可以促进中国同土库曼斯坦的人文交流，助推公共外交的深入展开，服务于我国的整体周边外交战略，为双方关系持续、稳定、深入的发展奠定良

① 芮雪怡，中央民族大学管理学院旅游管理专业硕士研究生，研究方向为旅游外交、国际旅游合作。

好基础。

关键词： 土库曼斯坦；周边外交；旅游外交

The Strategic Significance and Conception of China's Tourism Diplomacy in Turkmenistan

RUI Xueyi

Abstract: Central Asia is one of the six major sectors of China's peripheral diplomacy. It is a strategic pivot linking Eurasia and the Middle East. At the same time, the diplomatic strategic position Central Asia is especially important. Turkmenistan plays an important role in geopolitics and energy trade. Turkmenistan has rich natural and cultural tourism resources. China has become the world's largest source of outbound tourists, the scale and spending power of outbound tourists are continuously increasing. This has significant implications on the development of tourism in Turkmenistan. Considering of the uniqueness of Turkmenistan's foreign environment and the current situation of the relationship between China and Turkmenistan, China should seize the good opportunities for development and mutual needs, through a variety of ways to promote the development of tourism between China and Turkmenistan. Although there are some internal and external factors, the development of tourism diplomacy between China and Turkmenistan will bring out more economic and political significance. On the one hand, it can promote the development of tourism investment and trade between China and Turkmenistan. On the other hand, It also can promote cultural exchanges between China and Turkmenistan, boosting the in-depth development of public diplomacy, and serving our country's overall diplomatic strategy. It lays a good foundation for the sustainable, stable and in-depth development of bilateral relations

Key words: Turkmenistan; Diplomacy with adjacent countries; Tourism diplomacy

中亚位于欧亚大陆的地缘政治的咽喉之地，同时也是油气资源最丰富的地区之一，在地缘政治和能源贸易上具有举足轻重的作用。土库曼斯坦作为全方位新崛起的中亚国家，位于中亚地区交通要道交汇处，地缘战略位置十分重要。①对我国而言，土库曼斯坦是连接新亚欧大陆桥的重要一环，对我国与欧亚其他诸国的交流起着连接作用。此外，土库曼斯坦还拥有丰富的油气资源，因此对维护我国国家能源安全战略、确保天然气安全稳定供应也有着重大影响。

2013年，国家主席习近平出访中亚和东南亚国家期间，先后提出共建“一带一路”的重大倡议，不仅成为我国深化改革开放的重要路径，也是组成我国海洋强国建设和构建和平外交的重要部分。事实上，土库曼斯坦自1995年开始就将“复兴古丝绸之路”定为兴国重要战略之一，这与中国的“一带一路”倡议是不谋而合的。战略上的共识为中国与土库曼斯坦进一步加深交流合作奠定了坚实基础。

土库曼斯坦历史悠久，旅游资源丰富，境内山川壮阔，景色迷人，大漠风光多姿多彩，古堡和陵墓神秘色彩浓厚。②而当前，中国作为世界第一大出境旅游消费国，庞大的消费群体将对土库曼斯坦的旅游业具有极大带动力。中土两国通过旅游加深彼此交往，对于推动“一带一路”倡议落

① 王四海、秦屹:《中亚国家在建设丝绸之路经济带中的重要作用——以土库曼斯坦为例》，载《俄罗斯东欧中亚研究》，2016年第5期，第108—118页。

② 施玉宇:《列国志·土库曼斯坦》，社会科学文献出版社，2005年，第139页。

实具有重要支撑作用。

杨公素最早在《回忆“文革”时期的旅游外交》中提出“旅游外交”，认为旅游外交的目的是为了在政治上扩大影响力，在经济上获得“自由外汇”①。冯敏飞提出旅游是民间外交事业的一种重要渠道。随后梅毅相继发表《旅游外交与中国和平发展》《旅游外交：我国旅游产业发展新取向》，详细阐述了旅游外交产生的必然性，并针对中国旅游外交长远发展进行了思考。2015年“旅游外交”在中国旅游报告年会上被再次提出，相关研究成果不断涌现。研究成果涉及旅游外交的意义、重要性和新动态等领域，如胡敏等从心理学角度论述以旅游外交推动中巴经济走廊的建设；王兴斌从国家战略角度讨论如何让“旅游外交”成为一大亮点。2016年，国务院发布《“十三五”旅游业发展规划》，提出要实施旅游外交战略，至此“旅游外交”上升为国家战略，将进一步推动旅游外交在发挥对外合作方面的作用。

因此本文首先论述土库曼斯坦的外交环境以及旅游业发展现状，然后详细梳理中土两国关系发展的历程以及两国旅游外交的重大意义，并在此基础上展望中土两国旅游外交的未来，为推动两国旅游外交和整体外交提供理论依据。

一、土库曼斯坦的外交环境特点

土库曼斯坦的主要外交特点是积极永久中立。自1991年独立起，土库曼斯坦就宣布了“政治上保持中立，经济上坚持开放”②的外交原则，并

① 杨公素：《回忆“文革”时期的旅游外交》，载《国际政治研究》，1994年第3期，第50—55页。

② 王四海：《中立土库曼斯坦：20年的进步与辉煌》，社会科学文献出版社，2016年，第42—43页。

作为宪法的根本原则之一。土库曼斯坦选择外交政策主要有以下几方面的原因。

（一）周边国际环境和国内民族构成的独特性

土库曼斯坦的地理位置特殊，处于美俄权力斗争激烈、社会环境混乱的中亚地区，周边国际环境极其不利于其发展。陷入严重内战的阿富汗，与土库曼斯坦有800千米的公共边界，极易受到阿富汗炮火的侵害。土库曼斯坦是世俗的总统制国家，而邻国伊朗却是一个政教合一的国家，为了躲避战火，跳出大国纷争的漩涡，土库曼斯坦选择了永久中立的政策。此外，土库曼斯坦的邻国塔吉克斯坦曾经因为宗教民族问题爆发过内战，而土库曼也为多民族国家（共有100多个民族），防止多民族发生内部冲突也是土库曼斯坦选择中立的重要原因之一。

（二）历史背景的多样性

在土库曼斯坦选择积极永久中立的问题上，土库曼斯坦驻华大使齐娜尔·鲁斯捷莫娃·塔季耶夫娜认为：是由土库曼人所经历的特殊历史决定的。[①]公元前6世纪后，土库曼斯坦一直连续不断被外族人入侵，曾被波斯人、马其顿人、突厥人、阿拉伯人、蒙古人统治。正是见证了如此多的兴衰荣辱，使土库曼斯坦感受到了和平统一对于国家的发展和稳定是多么重要。而苏联解体以后，虽然俄罗斯在政治上和经济上都深深影响着土库曼斯坦，但由于历来被外族侵略独特的历史文化背景，使得土库曼斯坦独立后选择保持中立。

（三）国内政治环境的复杂性

土库曼斯坦国内正在进行民主化改革，民主化改革带来了政治上的不稳定，大大阻碍了土库曼斯坦的民主化。要改善土库曼斯坦这些政治问

---

① 齐娜尔大使在“土库曼斯坦的中立政策是维护和平与稳定的保障”圆桌会议上的讲话稿（2015，北京）。

题，必须要有一个稳定和平的外部国际环境。

（四）保障经济快速增长

土库曼斯坦选择中立这条外交道路可为其经济稳定发展提供保障。独立之初，土库曼斯坦经济发展迟滞，科技文化落后，居民生活水平低下，是苏联最不发达的地区之一。[①]为保证经济增长，在独立之初即选择永久中立。事实证明在之后的20多年，土库曼斯坦的经济取得长足进步。据世界银行的数据显示，2016年土库曼斯坦GDP达到了361.8亿美元，人均达到6670美元。与此同时，选择中立的土库曼斯坦可以在复杂多变的国际经济环境中，实行经济多元化发展政策，发展棉纺织业、扩大能源和电力生产、开拓建筑业发展空间、打造中亚交通枢纽、积极主动加强对外经贸合作，以此促进经济增长。

二、中国与土库曼斯坦关系的发展

（一）中国与土库曼斯坦地区关系发展的简要回顾

公元前119年，张骞第二次出使西域，从敦煌出玉门关，到新疆，再从新疆进入中亚、西亚，其中就包括了土库曼斯坦，使之成为一条连通经济、政治和文化的通道，即“丝绸之路”。

1991年至1998年，是中国和土库曼斯坦建交、相互了解的阶段，带来了双边关系的多个“第一”。中国是世界上第一个与土库曼斯坦建立外交关系的国家，是第一批支持土库曼斯坦奉行永久中立政策的国家。当时的土库曼斯坦刚刚从苏联独立出来，对中国持有一种保守的态度，双方都在不断的摸索中发展友谊。1998年到2013年，是中国与土库曼斯坦合作的拓

---

① 于洪君:《土库曼斯坦经济改革综述》，载《国际社会与经济》，1996年第11期，第27—29页。

展时期，中土两国合作范围加大，合作方式不断增加。1998年，尼亚佐夫总统对中国进行国事访问，双方签署了《中土关于进一步发展和加强两国友好合作关系的联合声明》《科学技术合作协定》《关于建立中土政府之间经贸合作委员会的协定》《民用航空运输协定》《科学技术合作协定》《旅游合作协定》《中土1998—2000年教育合作协定》等文件。[①]此外，2006年中国和土库曼斯坦签署了《中华人民共和国政府和土库曼斯坦政府关于实施中土天然气管道项目和土库曼斯坦向中国出售天然气的总协议》，[②]这项协议以后，两国能源贸易走向一个新的发展阶段。

2013年以后，中国和土库曼斯坦成为了战略合作伙伴关系，中国成为土库曼斯坦第一个以政治文件形式确立的战略伙伴，中土关系进入共建利益共同体的新时代。从2011年至2016年，中国连续6年成为土库曼斯坦第一大贸易伙伴国。[③]2017年6月，习近平总书记和土库曼斯坦总统别尔德穆哈梅多夫成功会晤，双方达成加大相互支持力度，深化互利合作的战略共识，将两国关系不断提升至新高度、新水平。

（二）中国与土库曼斯坦地区多种形式的合作关系

1. 中国与土库曼斯坦政府的双边合作

1992年1月6日，中国同土库曼斯坦建立大使级外交关系。之后，两国政府间双边合作极大增加，高层交流互访频繁，政治互信不断加深。土库曼斯坦前总统尼亚佐夫曾三次访问中国，两国在国际事务上保持着密切磋商。2009年，胡锦涛主席出席中国—中亚天然气管道通气仪式，成为

---

① 中国新闻网：《中国同土库曼斯坦的关系》，http://www.chinanews.com/gj/zlk/2014/01-15/205_2.shtml，2013-11。

② 张龙：《中国与土库曼斯坦天然气合作现状、问题与前景》，新疆师范大学硕士学位论文，2012年。

③ 南方周末：《除了天然气，中土合作大有潜力可挖——专访中国驻土库曼斯坦大使孙炜东》，http://www.infzm.com/content/126046，2017-7-20。

两国关系的里程碑。2017年6月10日，国家主席习近平在阿斯塔纳会见土库曼斯坦总统，其表示，土中建交25年来两国关系发展良好。希望两国在“一带一路”框架下拓展天然气、清洁能源、产能、交通运输基础设施等领域的合作，加强教育、文化等人文交流，希望土中关系像汗血宝马一样快速发展。①

2. 中国与土库曼斯坦论坛形式的合作

中国与土库曼斯坦一直通过论坛保持密切联系。近几年来，论坛交流越来越多，涉及范围也越来越广，包括了经济、能源、交通等方面；程度也逐渐加深，从单纯的利益交流发展为命运共同体的论坛交流。2015年4月22日，在中国甘肃举办了“中国 — 土库曼斯坦对话：可持续发展的交通运输合作”论坛。双方讨论了“新丝绸之路”框架下两国文化和经济关系的发展，探讨了在丝绸之路上建设中国 — 土库曼斯坦铁路线路的可能性以及中国建设高速铁路的经验。②2017年7月4日至6日，中国新疆维吾尔自治区政府与土库曼斯坦国家工商会共同主办“中国制造”综合商品展，此次中国商品展是中土建交25年来双方首次在土库曼斯坦举办的大型中国商品专场展会，将进一步加强两国人民相互了解，为两国开展务实合作搭建有益平台。③

3. 中国与土库曼斯坦的民间交往

中国与土库曼斯坦展开了多种多样的经济文化民间交流。陕西西安市与土库曼斯坦马雷市、山东日照市和土库曼斯坦纳巴特市签署建立友好交

① 中华人民共和国驻土库曼斯坦大使馆:《习近平会见土库曼斯坦总统别尔德穆哈梅多夫》，http://tm.china-embassy.org/chn/ztgx/t1469242.htm，2017-6-10。

② 中华人民共和国商务部:《中国和土库曼斯坦讨论交通运输领域合作问题》，http://www.mofcom.gov.cn/article/i/jyjl/e/201504/20150400954863.shtml，2015-4-28。

③ 中华人民共和国驻土库曼斯坦大使馆经济参赞处:《中土双方在阿什哈巴德共同举办首届中国商品展》，http://tm.mofcom.gov.cn/article/gzdt/201707/20170702605832.shtml，2017-7-7。

流与合作关系的协议书；两国教育部、高校签署合作备忘录；中国高校成为土库曼斯坦青年报考国外高校志愿的热门，留学中国的土库曼斯坦青年将中国的文化、语言和理念带回国内，成为中土民间交流的新生力量。双方的民间交往增进了两国人民之间的互相了解，夯实了“一带一路”发展的社会基础，为建立两国命运共同体营造了良好的社会氛围。

三、中国对土库曼斯坦旅游外交战略构想

（一）中国对土库曼斯坦旅游外交的战略意义

我国的“旅游外交”具有柔性和灵活性特征，是助推和改善国家关系的重要手段。[①]开展旅游外交可以使中国和土库曼斯坦的关系更进一步。土库曼斯坦拥有丰富的油气资源，但是土库曼斯坦自身实力较弱，在面对大国争夺其油气资源上，常常处于劣势地位，周边的政治环境极不安全。推进与土库曼斯坦的旅游外交有助于维持土库曼斯坦的政治稳定和军事安全，为经济发展奠定良好的基础。

通过旅游外交，也可以让更多的中国人了解到在丝绸之路上的神秘国家土库曼斯坦，了解到这个国家灿烂的文化遗产、壮丽的山河和充满民族特色的文化。同时，可以使更多的土库曼人了解到中国这个同样爱好和平的大国，从而促进两国的文化交流和民心相通。

更为重要的是，旅游外交的作用在经济上的表现尤其明显。直接影响就是推动两国的旅游行业快速发展，间接推动旅游相关行业的发展，包括交通运输业、住宿业、餐饮业等，促进外汇收支平衡。

（二）中国对土库曼斯坦旅游外交的战略定位与政策理念

中国对土库曼斯坦的旅游外交战略是在当前特定的历史时期下，中国

① 邹统钎、胡莹：《旅游外交与国家形象传播》，载《对外传播》，2016年第5期，第22页。

根据当前政治经济背景以及中土自身的各项因素综合考量得出的全局性的、长期性的、方向性的战略。中国提出的旅游外交战略，要求发展与土库曼斯坦旅游时更加自觉地服务、融入和促进国家的对外战略，更加有力地推进中国与土库曼斯坦的旅游向中亚地区拓展，形成与中国特色的大国外交适应的旅游外交大国格局。此外要秉持“共商、共建、共享”的原则，以与土库曼斯坦的旅游外交为起点，推动与中亚地区的旅游外交，打造开放型中亚经济格局，稳固和提高中国国际地位。

（三）中国对土库曼斯坦旅游外交的实施途径

土库曼斯坦总统别尔德穆哈梅多夫曾提出旅游业需要根本性、基础性改革，并将土库曼斯坦旅游业提高到国际水平，促进世界旅游产业一体化，使民族历史文化遗产通过积极推广成为全人类的共同财富为目标。虽然土库曼斯坦近年来致力于旅游的发展，但由于土库曼斯坦旅游业发展水平低，旅游基础设施建设不完善，中土两国之间的旅游交流还处于起步阶段。中国旅游业发展时间长，经验充足，可以帮助土库曼斯坦开发旅游资源，从政治、经济、文化、社会等方面推动与土库曼斯坦的旅游交流和合作，以促进中国旅游外交战略的发展。

1. 政治

政治属于上层建筑，是两国旅游外交发展的决定性力量。中土两国自建交以来签署了多项双边合作协定，其中也有关于旅游方面的，但是在政治上涉及中土两国旅游领域的还很少，因此中土两国应该在完善旅游政治合作政策、建立旅游安全政策、健全旅游法律等方面积极协商，为旅游外交政策的发展发挥力量。

积极贯彻落实“515战略”，主动融入中国特色大国外交工作大局，结合旅游业对外开放，出入境旅游增长、人民群众需求的新形势要求，从战略高度精心策划，统筹推进旅游外交工作。土库曼斯坦边检存在着效率低下、手续繁杂、费用高昂、入境游客的限制很多等问题，需要建立健全出入境的相关政策。在政治上，两国政府积极协商，减少签证限制，减少出入境手续，加快政治合作的发展。在与土库曼斯坦发展旅游外交的同时，要遵循“共商、共建、共享”的原则，要尊重土库曼人的民族信仰。与土库曼斯坦的旅游部门签署旅游合作协议与备忘录，以国家政策的形式规范旅游业的发展。鼓励两国跨国旅游企业的投资与发展，并且公布两国旅游客源市场情况以及旅游发展数据等内容。

土库曼斯坦的周边环境不稳定，游客的人身安全受到威胁，是阻碍两国发展旅游业的最大障碍，两国政府应积极建立安全合作机制，保障两国游客的安全，并且制定一系列的应急预案，防止突发事件的发生，形成全方位的保障机制，让游客在选择土库曼斯坦出行时没有后顾之忧。

完善两国之间的法律政策，中土两国目前还没有为两国旅游合作制定相关的法律。首先，要保障游客的生命和财产安全，加大对不法行为的惩处力度；其次，要对一些存在旅游欺诈、不实旅游信息发布等破坏国家形象的旅游媒介进行严惩；最后，土库曼斯坦境内生态环境脆弱，要加强旅游环境保护的立法，促进旅游资源保护和旅游资源的可持续发展。

2. 经济

经济是政治和文化发展的基础。经济措施在实施旅游外交的过程中起到关键作用，应在投资贸易、基础设施建设、精品路线规划上深化中土两国的合作与交流，推进旅游外交的发展。

中国与土库曼斯坦虽然是近邻国家，但是两国之间的旅游交往并不繁荣，甚至可以用萧条来形容。究其原因，政府缺少投资与贸易是主要原因。中国目前是世界第一大出境旅游客源国，土库曼斯坦应该抓住中国这个巨大的市场，开设中文旅游网站，培训中文导游，来中国进行宣传，开展包括土库曼斯坦文化节和美食节等内容在内的旅游营销。同时，虽然从人口规模来看土库曼斯坦的出境游市场不大，但是随着经济的发展，土库曼斯坦人民会更加注重精神上的享受和满足，出境游的市场将会进一步扩大。中国适当向土库曼斯坦推广中国的旅游景点和经济发展，开设土库曼语网站，并且以独特的风景，如江南水乡、沙滩大海或者是北京上海的世界大都会等，吸引土库曼斯坦游客。

土库曼斯坦境内旅游基础设施建设落后。交通运输业效率低下，费用比较高昂，航空运输业发展缓慢；住宿业也欠发展，居住环境较差，选择性较少。而中国的旅游业发展得已经比较成熟，中土两国应该加大旅游基础设施建设的合作，帮助土库曼斯坦发展交通运输业，克服高山、沙漠等地形对交通的阻碍，为土库曼斯坦发展交通运输业提供资金、技术和设备，既能解决中国的产能过剩问题，又能帮助土库曼斯坦发展交通运输业，为土库曼斯坦旅游发展奠定基础。

土库曼斯坦境内有丰富的旅游资源，中国可以帮助土库曼斯坦开发旅游资源，设计精品旅游线路，同时帮助土库曼斯坦发展壮大旅游企业。

3. 文化

文化是一个国家软实力的体现，文化又是经济政治发展的基础。土库曼斯坦已经与青海省教育厅签署了合作备忘录，以期共同致力留学生互派、教师互访和学术交流等。青海省副省长对签署备忘录而发言说："今天签署备忘录，旨在围绕'一带一路'建设，推动青海省与土库曼斯坦在教育领域的深度合作，并在已有合作成果基础上，互学互鉴，在更宽领域、更多项目中开展交流。"[①]互派学者和教师互访有助于在高层次上召开研讨会，开展区域旅游交流会，找到中国与土库曼斯坦旅游文化的相近之处。土库曼斯坦留学生在青海民族大学主修汉语及文化课程，该校还成立了中

① 中国新闻网:《土库曼斯坦与青海签订备忘录推进人文教育合作》，http://www.chinanews.com/sh/2016/09-26/8015590.shtml，2016-9-26。

亚—土库曼斯坦研究中心，准备开设土库曼语课程，着手建设中亚学院。通过院校间的交流，可以促进旅游文化深层次的交流，开设土库曼语课程，让更多的中国人学习土库曼语，以后可以致力土库曼斯坦的旅游文化交流，促进旅游外交在高层次人才的推进下更好的发展。院校和留学生这些都是比较高层次的，普通民众才是游客的主要组成部分，而且普通民众参与旅游更有其独特的意义，一是促使政府和企业保护旅游资源环境；二是可以提高旅游者从自身做起，保护旅游资源环境的自觉性，从而减少来自旅游者的环境污染。[①]鼓励民众成为旅游文化交流的践行者，成为旅游外交发展的基础力量。

民族的交往是推动旅游发展的一个重要动力，加强民族交往的同时也促进了文化的交往。中国的撒拉族被认为是“中国的土库曼族”，每年土库曼斯坦召开土库曼大会，都会邀请撒拉族前往参加，我们可以以此为契机，通过推动中国和土库曼斯坦的民族交往，推动旅游的发展。在此基础上可以设立旅游合作组织，让土库曼斯坦和中国的撒拉族能够更好地进行交往。

4. 社会

社会因素也是影响旅游外交的一个重要因素，通过建立友好城市、加强民心相通等措施可推动旅游外交在中土两国间的顺利进行。

国际友好城市之间易于建立旅游合作协调机制，便于旅游人才、信息和技术交流，合力打造旅游产品，共同开发旅游线路，联手开展市场营销，推进旅游企业紧密合作，最终形成资源共享、客源互动、共同发展的国际旅游合作新格局。[②]青海省以与土库曼斯坦达成一批集投资、贸易、

---

① 王凯、鲁西奇:《论旅游业可持续发展战略的切入点和实施途径》，载《热带地理》，2003年第1期，第73页。

② 张晶晶:《中国与中东欧国际友好城市间推进旅游合作发展的探讨》，载《对外经贸实务》，2015年第8期，第87—90页。

展销为一体的双向经贸合作项目，开辟了青海通向中亚地区的经贸通道。青海是世界屋脊青藏高原的重要组成部分，是名山大川的发源地，少数民族保持着独特的、丰富多彩的民族风情和习俗，这些极具特色的旅游资源，可以与土库曼斯坦的旅游资源互补，且青海已与土库曼斯坦形成了良好的经贸合作关系，这一切都能够促进旅游的发展。同时，各旅游企业应该联合起来，减少内部竞争与地方保护主义，共同开发旅游线路，建立专门的旅游营销系统，对不同的目标群体制定不同的营销策略，全面吸引土库曼斯坦游客，使旅游外交既具有社会基础又具有经济基础。

中土两国旅游合作交往中最薄弱的是民间旅游交往。民众是社会组成的主体部分，也是民间旅游外交的主体组成部分，加强中土两国的民间交往，要注重民心相通的发展。中国目前是最大的出境旅游客源国，在出境游的同时，中国游客要注意文明出游，注重自己的言行，为中国树立良好的国际形象，充分发挥旅游外交的作用。

总而言之，中土两国应该从政治、经济、文化、社会等方面采取措施，加强两国的旅游交流，促进旅游外交的发展和繁荣，使旅游外交能够更好地服务于国家整体外交政策。

四、中国发展土库曼斯坦旅游外交的展望

（一）中国与土库曼斯坦关系的挑战

1. 外部因素

土库曼斯坦与中国关系的外部挑战主要在于美俄之间的对抗，也在于土库曼斯坦周边不稳定的国家。中亚所处地理位置特殊，处于欧亚大陆的腹地，北接俄罗斯，南接伊朗并可通往中东波斯湾地区，随着世界上各种力量的进入，土库曼斯坦及其周边地区已经成为世界地缘政治博弈的

舞台。

2. 土库曼斯坦内部因素

土库曼斯坦国内正在进行民主化改革，而民主化改革带来了国内政治上的不稳定性。[①]与中亚其他国家相比，土库曼斯坦境内的反对派势力比较弱小，但由于长期受到压制，不满情绪仍然存在。土库曼斯坦的工业基础薄弱，交通落后，经济主要依赖于油气资源和农业种植，工业和服务业的占比很少，尤其旅游业发展不均衡使得合作主体在技术、资金、人力等方面的交流中处于不对等状态，降低了合作的积极性。[②]

3. 中国方面的因素

受到土库曼斯坦方面不稳定性和旅游基础设施落后等内外部因素的影响，中国与土库曼斯坦的旅游外交将会受到一些影响。中国民众一般出境旅游选择的都是旅游设施建设比较完善、经济发展较好、政局比较稳定的地区，因此土库曼斯坦不是中国民众出行的选择。

（二）中国与土库曼斯坦旅游关系的发展前景

中国与土库曼斯坦有着悠久的合作友谊。汉朝时朝廷就已经派遣使者前往帕提亚地区（现土库曼斯坦所在区域）。现在旅游外交政策也是“一带一路”政策的一部分，重走丝绸之路也将成为一个著名的旅游项目。源远流长的两国友谊为现代两国的交流和发展奠定了良好的基础。

进入现代以来，中国和土库曼斯坦的关系也在进一步发展，中国与土库曼斯坦长期保持着密切的经贸合作关系，自中土建交以来，中国的企业就积极地参与到其国民经济建设的方方面面。

中国推行的“一带一路”倡议与土库曼斯坦实行了20多年的古丝绸

---

① 于健:《土库曼斯坦政治转型研究》，中国人民大学硕士学位论文，2011年。

② 闫静:《丝绸之路经济带文化遗产旅游合作研究——以中国和中亚五国为例》，载《西安财经学院学报》，2016年第4期，第23—27页。

之路复兴计划具有很多的契合之处。[①]在当今全球化迅速发展的大背景下，中国的对外开放之路越走越宽阔。土库曼斯坦的现任总统别尔德穆哈梅多夫也在积极推进土库曼斯坦跟上世界发展潮流，积极推动土库曼斯坦的对外开放。旅游业被称为“永远的朝阳产业”，在旅游业发展的同时将会带动周边包括交通运输业、餐饮业、住宿业等产业的发展。对于中国和土库曼斯坦这样的发展中国家而言，旅游业对增加外汇收入、带动就业、促进基础设施建设有着更为重要的作用，所以中国和土库曼斯坦都在大力发展旅游业，这对中国的旅游外交政策而言是一个巨大的发展机遇。

① 王四海:《中立土库曼斯坦：20年的进步与辉煌》，社会科学文献出版社，2016年，第2—3页。

中国对柬埔寨旅游外交发展的战略意义及构想

韩志茹[①]

摘要：柬埔寨是大湄公河次区域的6个重要国家之一，处于我国“一带一路”倡议的交汇之地，在东南亚扮演着交通枢纽的重要角色，也是我国面向东南亚“一带一路”倡议实施中的关键节点。柬埔寨是个旅游资源丰富的国家，自2000年推行“开放天空”政策以来，柬埔寨旅游业得到了空前的发展。而中国作为近5年来柬埔寨入境游的第二大客源国，一直为柬政府所重视，甚至被视为未来最具发展潜力的客源国。中柬两国已有多年的建交历史，长期以来在政治、经济等领域上坚定地相互支持对方，建立了深厚的友谊。当今，随着“一带一路”倡议的提出，中柬两国迎来了合作发展的新机遇。因此，在“一带一路”倡议背景下，中国面向柬埔寨开展旅游外交活动具有多方面的重要战略价值。

关键词：柬埔寨；一带一路；旅游外交

① 韩志茹，中央民族大学旅游管理专业硕士研究生，研究方向为旅游外交、区域旅游开发。

The Strategic Significance and Conception of China's Tourism Diplomacy in Cambodia

HAN Zhiru

Abstract: Cambodia is one of the six important countries in the greater Mekong subregion.It is at the intersection of China's the Belt and Road strategy and plays an important role as a transportation hub in Southeast Asia.It is also a key node in the implementation of China's the Belt and Road strategy in southeast Asia.Cambodia is a country with rich tourism resources, and Since the implementation of the "sky policy" in 2000, the tourism industry in Cambodia has gained unprecedented development opportunities.As the second largest source of tourists for Cambodia during the past five years, China is deemed of great importance by the Cambodian government and is even regarded as the most promising source of tourists in the future.China and Cambodia have established diplomatic ties for many years and have long supported each other firmly in political, economic and other fields. The two countries have established profound friendship.Today, with the introduction of the the Belt and Road Initiative, China and Cambodia are embracing another new opportunity for cooperation and development.Therefore, in the context of the the Belt and Road Initiative, China's tourism diplomacy towards Cambodia has many important strategic values.

Key words: Cambodia; The Belt and Road Initiative; Tourism diplomacy

中南半岛的大湄公河次区域（缩写GMS），位于太平洋和印度洋之间，是“一带一路”的交汇之地。这片区域东临“21世纪海上丝绸之路”，西临“丝绸之路经济带”（西南段），对于我国“一带一路”倡议在东南亚实现中路突破，具有着重要的价值和意义。[①]柬埔寨是GMS的6个重要国家和地区之一（其他5个为越南、老挝、缅甸、泰国和我国云南省），地处东南亚交通枢纽位置，在我国面向东南亚的“一带一路”倡议实施中扮演着关键节点的作用。中柬两国长期以来一直维持着深厚的传统友谊，我国在经济上持续向柬埔寨伸出援助之手，柬埔寨也在政治立场上坚定地支持中国，这对于中国的国际社会地位影响重大。在“一带一路”倡议向东南亚推进的过程中，中柬良好关系更为中国赢得了坚实的发展基础，柬埔寨的积极响应更将起到模范带头作用，带动其他东南亚国家响应并参与到“一带一路”倡议中来。

“旅游外交”是指借助“旅游”这一载体，在国际关系方面进行活动与交往。[②]最早将旅游与外交结合起来进行研究的是学者梅毅，在此前相当长的阶段里，人们对旅游业的研究仅集中在经济、文化、社会等领域。而在2000年初，“旅游外交”这一新鲜词汇开始频频出现在业界讲话和相关工作中，在此之后，开始陆续有了关于“旅游外交”的研究。胡敏等人认为旅游外交可以助力于构建新型国际关系，有助于我国的大国崛起，[③]邹统钎等人认为旅游外交对于国家形象的传播具有着重要意义。[④]还有一些其他领域能够受益于旅游外交的研究，如文化传播、经济发展等，但皆不构成一定规模。总体而言，我国在旅游外交的研究上基本处于空白状态，

① 卢光盛:《升级GMS合作 推进“一带一路”在东南亚中路突破》，载《世界知识》，2015年第5期，第73页。

② 刘玥:《旅游外交与中国国家旅游形象传播》，载《农家参谋》，2017年第15期，第239—240页。

③ 胡敏、曹兹纲、王杰:《以旅游外交助力中巴经济走廊的心理认同》，载《新疆社会科学》，2016年第6期，第79—82页。

④ 邹统钎、胡莹:《旅游外交与国家形象传播》，载《对外传播》，2016年第5期，第22—24页。

在学者梅毅发表了《旅游外交与中国和平发展》[①]之后，10年间关于旅游外交的研究成果少之又少，该领域的研究基本上处于停滞状态。2015年1月，“旅游外交”在中国旅游工作报告会议上被再次提出。2016年12月，国务院发布的《“十三五”旅游业发展规划》中首次将旅游外交正式纳入国家外交战略范畴，旅游外交至此被推上了一个新热潮。“一带一路”倡议的提出给旅游外交提供了新的机遇。东南亚是“一带一路”快速推进的地区，柬埔寨又是中国在东南亚实施“一带一路”倡议的坚定拥护者，因此本文将通过对柬埔寨的综合情况进行分析，探讨柬埔寨对于中国发展“一带一路”倡议的重要意义。

一、柬埔寨外交的特点

（一）历史上柬埔寨外交政策的变化

柬埔寨独立之后政治发展极不稳定，内部政权更迭频繁，外交政策也不断进行调整。再加上外部国际形势的变化，使得柬埔寨与美国、苏联、越南等多个国家的关系长期处于起伏不定的状态。1953年11月，柬埔寨获得独立，以西哈努克亲王为首的新政府确立执政纲领为“独立、中立、和平、民主与廉洁”，结合当时的国际格局，西哈努克亲王逐步完善了其和平中立思想，并将和平中立政策以法律形式确立下来，使其成为柬埔寨外交政策的核心。1970年3月，朗诺集团在美国的支持下发动政变，实行向美国“一边倒”和坚决反共的外交政策。与此同时，西哈努克亲王在北京成立了柬埔寨民族统一阵线和柬埔寨王国民族团结政府，奉行和平中立的

① 梅毅:《旅游外交与中国和平发展》，武汉大学博士学位论文，2006年。

外交政策，积极开展外交活动，获得更多国家和组织的认可。[①]柬共执政时期（1975年4月—1979年1月），政府主要与社会主义国家打交道，当时的外交总体上处于不活跃状态，且激进政策的实施使柬埔寨基本断绝了与世界上大多数国家的往来。到了金边执政时期（1979—1993年），新政府推行向苏联、越南"一边倒"的外交政策，与之相抵抗的力量成立了民柬联合政府，并积极开展同中国等多数国家的外交活动，得到了国际社会的广泛支持。1998年新一届联合政府成立后，新政府奉行中立、不结盟和睦邻政策，致力于同本地区国家发展和平友好合作关系，相互尊重独立和主权，互不干涉内政。

柬埔寨的外交政策在历史动荡下不断调整，最终使得和平中立的外交政策得以确立，这一点与中国独立自主的和平外交政策高度契合。今日的柬埔寨坚定地奉行独立、和平、永久中立和不结盟的外交政策，坚决反对外国侵略和干涉，并在和平共处五项原则基础上，主张同所有国家建立和发展友好关系。柬埔寨主张国与国之间相互尊重主权，通过和平谈判解决与邻国的边界问题及国与国之间的争端。迄今为止，柬埔寨已经同172个国家建交，政府仍在积极加强同周边国家的睦邻友好合作。[②]

（二）柬埔寨地理和人口的独特性

柬埔寨国土面积18万平方千米，在东南亚11个国家中面积居第8位，但该国地广人稀，是中南半岛五国中除老挝之外人口最少的国家。柬埔寨人口基数较小，1960年为57万人，1980年后人口总数开始高速增长，2017年全国达到160万人。高速增长的人口使柬埔寨呈现年轻化特征。据官方统计数据得知，1960年，年龄在15至64岁之间的人口占总人口的52%，

① 卢光盛、李晨阳、瞿健文、李涛编著:《柬埔寨》，社会科学文献出版社，2014年，第315—320页。

② 中国领事服务网：http://cs.mfa.gov.cn/zggmcg/ljmdd/yz_645708/jpz_646640/，2018-8-3。

总理、刘少奇主席访柬，西哈努克亲王6次访华，并2次在华领导柬人民争取国家独立、民族解放斗争，得到中国政府和人民的大力支持。

20世纪70—80年代，柬埔寨先后进入抗美战争与抗越战争的救国时期，中国是柬埔寨的坚实后盾。1970年3月18日朗诺政变后，西哈努克亲王抵达北京，中国不仅以国家元首的礼遇接待西哈努克，更与柬埔寨王国民族团结政府签订了无偿军援的协定，兼从政治道义上和物质上对柬埔寨给予全力以赴的支持，为柬埔寨的抗美战争和国内解放战争的胜利做出了重要贡献。1979年，柬埔寨陷入抗越战争，中国政府拒绝承认韩桑林政权，要求越南从柬埔寨撤军，恢复柬埔寨独立、和平、中立、不结盟地位。中国1979年2月17日开始对越进行了自卫反击战，在一定程度上支援了民柬的抗越斗争，并于1982年支持西哈努克亲王在京成立联合政府。在柬埔寨政治问题和平解决后，中国积极响应1992年联合国发出的呼吁，主动为柬埔寨认捐1000万美元助其战后重建与恢复。[①]

1993年柬埔寨王国新政府成立后，两国保持着高频率的高层互访，但也一度面临诸多挑战，如中国与红色高棉的历史关系的遗留问题、联合政府第一首相与台湾打得火热等问题。1997年7月，分别支持拉那烈（第一首相）和洪森（第二首相）的柬埔寨军队发生了冲突，拉那烈被迫流亡海外。洪森在涉及中国核心利益的问题上坚定地支持中国。1997年8月，洪森宣布关闭台湾驻金边的代表处，同年12月，中柬两国在柬台通航上签署了相关协议。2000年，中国国家主席江泽民正式访柬，两国领导人就双边关系和共同关心的问题达成了广泛的共识，并签署了《中柬关于双边合作的联合声明》。此后，中柬两国的合作进入了快速发展的轨道。

进入21世纪以来，中柬两国高层互访频繁，签署了诸多重要协议，达

① 卢光盛、李晨阳、瞿健文、李涛编著:《柬埔寨》，社会科学文献出版社，2014年，第342—344页。

成了多方面的合作共识。2002年11月，朱镕基总理访柬，两国领导人把农业、基础设施建设和人力资源开发作为两国重点合作领域，中方宣布免除柬所有到期债务。2006年4月，国务院总理温家宝对柬埔寨进行正式访问，双方发表了《中华人民共和国政府与柬埔寨王国政府联合公报》，宣布建立全面合作伙伴关系。2008年是中柬建交50周年和“中柬友好年”，中国外交部长杨洁篪访柬，并与柬方就进一步拓展两国友好合作达成多方面共识。[①]2010年，洪森总理与中方签署12项合作文件，双方设立到2015年推动双边贸易额达到25亿美元的目标。2013年，洪森首相出席博鳌亚洲论坛年会并对中国进行正式访问。2016年6月20日，柬埔寨首相洪森表示，柬埔寨将不会支持菲律宾单方面提出的南海仲裁案的结果，并呼吁有关方面通过双边谈判解决分歧。[②]

（二）中国与柬埔寨地区多种形式的合作关系

近年来，随着柬埔寨与我国之间的友好关系不断加深，两国的合作领域也得到了极大拓宽。在合作方式上也逐渐趋于多样化，主要的合作方式概括为：政府的双边合作与民间展会合作、论坛合作等。

1. 政府的双边合作

自柬埔寨与我国建交以来，两国不仅实现了议会、军队、警务、新闻、卫生、文教、信息、水利、气象、建设、农业、文物保护等部门领导人的亲切互访，还先后签署了文化、旅游、农业以及经济贸易等多方面的合作文件。1996年，中柬两国政府签订了《中柬贸易协定》和《中柬关于促进和保护投资协定》，这一举措极大地促进了两国贸易往来，次年双边贸易额达1.2亿美元，比上年增长71.8%；1997年12月和1999年5月，我

① 卢光盛、李晨阳、瞿健文、李涛编著:《柬埔寨》，社会科学文献出版社，2014年，第345—348页。

② 博鳌亚洲论坛2017年年会网站：http://www.china.com.cn/zhibo/2017-03/25/content_40496454.htm，2017-3-25。

国与柬埔寨互换照会，我国同意柬埔寨在广州、上海设立领事馆，柬同意我国保留在柬设领事馆权利；2000年11月，江泽民主席应邀访柬时，与柬方签署了《中柬关于成立经济贸易合作委员会协定》《中柬经济技术合作协定》以及《中柬农业合作谅解备忘录》，积极促进中柬两国农业与经济技术方面的交流与发展；2003年12月，中方出资修建柬埔寨皇家空军总医院和军事学院，援助总额达1亿元人民币，在一定程度上帮助了柬埔寨进行军事建设，也加深了中柬的军事合作；2008年，中国国际广播电台的广播在柬埔寨成功落地，由该台与柬埔寨国家广播电台联合开办的中柬友好广播电台正式开播，该电台每天用柬埔寨语、英语、汉语普通话和潮州话连续广播，播出时间累计17个小时，极大地促进了中国文化在柬的传播。[①]

2. 展会与论坛形式的交往

柬埔寨高级领导人多次以参加博览会等展会为目的前来访华，进一步推进了中柬两国的友好关系。2004年11月2日，中国在南宁举办了首届中国—东盟博览会，洪森首相代表柬埔寨出席。此后，洪森首相成为了历届广西东盟博览会的常客，被亲切地誉为“广西的老朋友”，并被授予广西“荣誉公民”称号。应中国政府邀请，洪森首相还曾于2012年9月1日前往中国新疆维吾尔自治区乌鲁木齐市参加第2届“中国—亚欧博览会”。2017年5月13日至17日，洪森首相再次出席“一带一路”国际合作高峰论坛，并与中方签署了《共同推进“一带一路”建设合作规划纲要》《关于旅游合作的谅解备忘录实施方案（2017—2020）》《关于共建中柬联合海洋观测站的议定书》等13份合作文件（《第13届中国—东盟博览会开幕大会柬埔寨首相洪森发表演讲》[②]）。除高层领导人参加展会和论坛之外，

① 卢光盛、李晨阳、瞿健文、李涛编著：《柬埔寨》，社会科学文献出版社，2014年，第348—349页。

② 中国—东盟博览会官网：http://www.caexpo.org/，2018-8-3。

中柬国内各行各业也积极地进行着论坛和其他展会交流，如：第四届中国—东盟国际口腔医学交流与合作论坛、2016年由中国贸促会和柬埔寨商会共同主办的中国—柬埔寨企业投资论坛，以及2017年5月16日的中柬商务旅游合作论坛等，中柬两国通过多种展会、论坛的形式进一步扩大着合作层面，丰富着全面战略伙伴的合作内容。

三、柬埔寨旅游资源特点与旅游业发展现状

（一）柬埔寨旅游资源特点

1. 自然景观多样

柬埔寨地处中南半岛，属热带季风气候，拥有优美多样的自然环境，北靠群山，南临海洋，境内自然景观丰富多样，山多峻拔之姿，水多秀丽之态，每年都有不少国内外游客纷纷慕名前往。位于贡布省最南端象山山脉尽头的白马市，是柬埔寨著名的旅游风景区和避暑圣地，市郊的白马山山清水秀、气候宜人，白马海滨沙滩柔软、海水清澈见底，素有柬埔寨“南海之珠”的美称。[①]在柬埔寨中部暹粒省平原上有着东南亚最大的淡水湖泊——洞里萨湖，日出之时，碧波荡漾，渔人一派繁忙景象。柬埔寨语称为“百囊奔”的是金边市内最高点——塔仔山，该山山体较小，是金边的发祥地。相传古代一名叫“奔”的女子因发大水顺湄公河漂流至此，途中拾到一尊佛像，便供奉在小山上，后在此修庙，信徒香客盈门，并逐渐发展成繁华的城镇，被命名为“百囊奔”，意为“奔夫人之山”，当地华侨译为“金边”。塔仔山高约百米，塔顶供有奔夫人之像，终日香火不断，是金边的象征之一。

---

① 卢光盛、李晨阳、瞿健文、李涛编著：《柬埔寨》，社会科学文献出版社，2014年，第3页。

2. 历史建筑独特

柬埔寨的历史古迹建筑风格独特，民族韵味浓厚，最具代表性的象征是“东方四大奇迹之一”——吴哥古迹（Angkor）。吴哥古迹位于柬埔寨的暹粒省境内，距首都金边约240千米，现存古迹主要包括吴哥王城（大吴哥）和吴哥窟（小吴哥），其中有许多精美的佛塔以及众多石刻浮雕。佛塔由巨大的石块垒砌而成，上面刻着的雕像形态各异，有的高达数米，形象逼真，引人注目。吴哥古迹现存600多处，分布在面积45平方千米的森林里。吴哥建筑群不仅具有独特的柬埔寨建筑风格，还带着鲜明的印度色彩，为世界各地的人提供了一个了解东南亚历史文化的最佳窗口。1992年，联合国教科文组织世界遗产委员会把整个吴哥古迹列为世界文化遗产。

其次，金边王宫也是具有柬埔寨民族风格的典型建筑之一。金边王宫（Royal Palace）也称四臂湾大王宫，占地16万平方米，始建于1434年，因位于上湄公河、洞里萨河、下湄公河与巴萨河的交汇处而得名。金边古迹群由20座大小宫殿组成，具有高棉传统建筑风格和宗教色彩，宫殿均有尖塔，代表着繁荣；殿身涂以黄、白两色，黄色代表佛教，白色代表婆罗门教。银殿又称玉佛寺，地面用镂花阴转刻成，是国王家族拜佛之所，殿内供奉着高约60厘米的玉佛，由整块翡翠雕刻而成，被视为柬埔寨的国宝 。

3. 宗教特色鲜明

柬埔寨是一个充满宗教色彩的国度，佛教被奉为国教。境内佛教寺庙众多，1975年时便已多达2850座，成为至今柬埔寨旅游业发展的一大底牌。柬埔寨高棉族信仰佛教，而占族大部分信仰伊斯兰教，柬籍葡萄牙人、越南人信奉天主教。因而，柬埔寨每年的宗教活动不仅数量多、种类丰富，且各具特色，成为吸引国内外游客前往的一道独特的民族风景。柬埔寨节庆文化也是独具特色的一道风景。“三日一节，五日一庆”正体现了柬埔寨自古以来对节庆的重视。古时人们四月抛毬、五月迎佛水、七月烧稻、八月挨篮、九月压猎、十月添坟、十一月送水……流传至今的仍有送水节、御耕节、亡人节等 。每到热闹节庆时人们都会张灯结彩，身穿奇装异服，吹拉弹唱，载歌载舞，热烈而隆重地庆祝，别具一番地域风情。

（二）柬埔寨旅游业的发展及其现状

柬埔寨的旅游业起步于独立之后，但经过多年动乱使得二十世纪七八十年代的旅游业一度消弭。在柬埔寨和平进程开始后，国内旅游业才再次获得了发展的春天。2000年时，柬政府大力推行“开放天空”政策，支持、鼓励外国航空公司开辟直飞金边和吴哥游览区的航线，此政策对柬埔寨旅游业的后期发展影响深远。2002年，柬政府又加大对旅游业的资金投入，加紧修复古迹，改善旅游环境。此后又采取了改善交通、宾馆等旅游配套设施等措施，使得旅游业获得了前所未有的发展契机。①

近年来，柬政府在大力挖掘吴哥窟等传统旅游资源的同时，也在积极拓展新的旅游目的地。沿海地区逐步发展成为继吴哥景区之后又一重要旅游区。2012年，沿海地区接待外国游客27.8万人次，同比增长44.1%，尤其是西哈努克省共接待外国游客21.3万人次，同比增长38.3%；国内游客接待量为65.8万人次，同比增长17.8%。②2011年7月，沿海四省被纳入了世界最美海滩俱乐部。柬政府此后高度重视沿海各省旅游业的发展，开展了“清洁、绿色”为主题的清洁旅游城市竞赛和“一名游客一棵树”等活动，并制订了2015年实现“无废弃塑料袋海滩”的目标，加强监督管理，禁止污染进入，努力提升旅游服务质量。

近几年，柬埔寨入境游人次持续增长。2013年，柬埔寨共接待外国

① 卢光盛、李晨阳、瞿健文、李涛编著:《柬埔寨》，社会科学文献出版社，2014年，第173—174页。

② 中华人民共和国驻柬埔寨王国大使馆经济商务参赞处:《柬埔寨2015年宏观经济形势及2016年预测》，http://cb.mofcom.gov.cn/article/zwrenkou/201605/20160501310896.shtml，2016-5-4。

游客421万人次，同比增长17.5%，旅游收入达25.5亿美元，同比增长15.4%，占GDP的15.5%，吸引62万个就业岗位；2014年和2015年时增速有所放缓，全年入境游接待同比增长分别为7%、6.1%。2015年共接待外国游客477.52万人次，增速较上年回落0.9个百分点，出境游客119万人次，增长24.9%。旅游收入30.1亿美元，占GDP的16.3%，创造62万个就业岗位。①

四、中国对柬埔寨旅游外交战略构想

（一）中国对柬埔寨旅游外交的战略意义

1. 提升中国整体形象

中国自古以来就是一个崇尚和平的国家，在改革开放后，中国更是抓住全球化的机遇，以“和平发展”思想方针走向了崛起之路。中国的和平发展是中华文明与全球化交互作用的结果。②在走向世界时，中国奉行独立自主的和平外交政策。在中国与柬埔寨交往的历史上，中国曾多次以不同方式支援柬埔寨经济，帮助其政府渡过难关。中国热情慷慨的态度不仅为中柬之间建立了深厚的友谊，也在世界上树立起了中国和平友好的国家形象。旅游业本身就具有强大的对外宣传和辐射功能，将“旅游”这一新的元素融入外交，是通过“软手段”方式进一步加深世界对中国“和平友好”形象的实现途径，有助于打造多渠道、多向度的传播模式，向世界立体式地描绘中国。③另外，中柬深厚的友谊使得两国在旅游外交方面可以

---

① 中华人民共和国驻柬埔寨王国大使馆经济商务参赞处：《柬埔寨2015年宏观经济形势及2016年预测》，http://cb.mofcom.gov.cn/article/zwrenkou/201605/20160501310896.shtml，2016-5-4。

② 梅毅：《旅游外交与中国和平发展》，武汉大学博士学位论文，2006年。

③ 邹统钎、胡莹：《旅游外交与国家形象传播》，载《对外传播》，2016年第5期，第22—24页。

起到示范作用，中国将通过旅游这一平台向世界进一步扩散热爱和平的美好形象。

2. 改善中国在东亚的外部环境

作为爱好和平的两个国家，中柬两国有诸多共通点——中柬两国的国家性质相同，拥有共同的理想目标和发展目标，走同样的社会主义发展道路；双方都坚持和平共处、共同发展的友好原则，并且以切实提高人民生活水平为目标，致力于为发展民主、富强、文明的社会主义国家而奋斗；并且在历史上具有相似的经历和教训。①这些相似点使得两国在维持良好友谊的基础上能够相互理解，并在国际立场上相互予以支持，尤其在处理国家安全和领土完整等问题上立场一致。

当柬泰两国因领土边界问题争执僵持时，中国曾参与协调两国之间的关系，为双方达成最终谅解做出了积极贡献。在南海问题上，柬埔寨曾在东盟地区论坛上坚决拒绝菲律宾试图将黄岩岛问题等写入最后声明，避免了中菲的双边问题涉入东盟的多边协商问题当中。时至今日，南海问题持续发酵，虽然东盟部分国家曾试图以建设政治安全共同体，实现对外“同一个声音”表达立场，但东盟也没有成为损害中国与东盟一些国家的关系包括中柬关系的工具。②中国将一直奉行“睦邻”政策，与柬埔寨之间的关系更是向其他东盟国家展示友好与诚意的楷模，中柬友好可以看作是东亚地区的稳定剂。2013年是中柬友好年，两国关系愈加成熟不仅有利于双边合作，在维护地区和平稳定与繁荣发展方面也具有重要的战略意义。

3. 促进中柬两国经济上的共同发展

2015年全国旅游工作会议工作报告中指出，文化特性决定了旅游的

① 宋文杰、CHHIM SOVANKONGKEA:《柬埔寨对华旅游推广研究》，东南大学硕士学位论文，2016年。

② 周士新:《中柬友好是东亚地区合作“稳定剂”》，载《中国报道》，2013年第2期，第52—53页。

“软实力”属性，但旅游业的经济属性和产业功能更决定了其“硬实力”属性。由于旅游业是综合性大产业，具有关联度大、涉及面宽、拉动力强的特点，对稳增长、调结构、惠民生具有重大意义，无论是对GDP、消费、投资和出口的贡献，还是对相关行业以及就业的贡献等方面，都充分体现了旅游业是一个国家和地区的硬实力。中柬旅游外交能使两国旅游业双双受益。对于柬埔寨而言，中国作为近5年来的入境游第二大客源国，不仅为柬埔寨旅游业创收做出了巨大贡献，还是其最具发展潜力的庞大市场；于中国而言，与柬埔寨旅游外交上的合作也能使柬国人民更多地走向中国、了解中国，在友好交往的基础上使两国旅游业共同蓬勃发展。此外，随着旅游外交带来的影响日益扩大，除旅游业之外的其他经贸合作也会进一步加深，不论是两国之间的跨国企业投资还是其他进出口贸易往来，都将为两国创造更大的经济收益。

（二）中国对柬埔寨旅游外交的战略定位

东盟被公认为是第三世界中最成功的地区合作组织，作为一个几乎全部由中小型国家联合而成的国际组织，东盟在创立后有效地发挥了适应当时国际形势发展，在两极格局下为东亚小国谋求生存之道的作用。而其发展至今，随着在政治和外交上面取得的成就愈发令世人瞩目，东盟的国际地位也不断提升，现如今更成为了亚太乃至全球国际关系中一支不可忽视的力量。近些年来，中国与东盟部分国家的关系呈现紧张状态，东盟中部分成员国也曾试图敌对中国，中国在涉及领土完整和国家尊严上决不妥协，对于这些矛盾，亟须公正的声音给予支持，并及时纠正东盟与中国的关系。中国与东盟之间友好关系的加强需要借力于现有桥梁，而柬埔寨无疑成为了当下能够给予中国最大支持的中间力量。在旅游外交的背景下，随着“一带一路”倡议的提出和柬埔寨的积极响应，中柬将起模范带头作用，加深两国旅游合作与交往，使双方经济相互受益的同时，进一步加深国家之间的友谊，向东亚展示中国的诚意与友好态度，以及“一带一路”倡议下为东亚地区带来的巨大的发展契机，以吸引更多东亚国家与中国建立友谊关系。东盟国家既是中国重要的周边邻国，同时也是中国稳定并发展周边外交环境，维护亚太地区和平发展的重要伙伴。以柬埔寨为旅游外交的战略重点，通过中柬的强力合作来开启东亚市场，并建立中国与东盟其他成员国友好发展的桥梁，是中国对柬埔寨旅游外交的一大战略要点。

随着《“十三五”旅游业发展规划》中将旅游外交正式上升为国家战略，旅游外交正走向全面、系统、规模化地服务国家整体战略进程之中，旅游外交服务国家战略之网越织越密，中国可以通过与柬埔寨建立良好的旅游外交关系这一途径，扩大中国在东亚的外交影响力，开拓东亚市场，赢得中国与东亚多国的友好关系，从而进一步提升中国的国际地位。

（三）中国对柬埔寨旅游外交的实施途径

1. 官方旅游外交形式

（1）互办国家旅游年

近几年来，中国与世界各国之间互办旅游年这一举措已取得了显著成效。中国与其他国家之间旅游年的举办，能使航班航线大增，签证政策更加便利，国家间双向旅游交流保持持续快速增长态势。此外，“旅游年”还能明显地带动旅游市场发展，加强国家间互动交流，为国家间合作机制搭建一个改善与升级的平台。[①]2012年和2013年中俄之间互办旅游年，不仅加强了中俄之间的友好往来，更是把旅游合作培育成了中俄战略合作新亮点；2015年和2016年时，中韩互办旅游年促进了两国友好交往，提升了双边贸易和民间交流；2016年“中美旅游年”引发的直接效应为赴美旅游航班航线大量增加，中美关系也进一步向好的方向发展……类似的，中印、

① 邹统钎、胡莹:《旅游外交与国家形象传播》，载《对外传播》，2016年第5期，第22—24页。

中澳、中瑞、中丹、中哈、中国—中东欧、中国—东盟等多个旅游年的相继举办，将中国与他国互办“旅游年”这一外交手段推向高潮。因此，中国在对柬埔寨旅游外交方面亦可以通过互办旅游年的方式，获得宣传旅游合作的最大效果，深化中柬之间的友谊。

（2）制定旅游合作政策

柬埔寨是传统的农业大国，长期以来在世界上都是比较贫穷的国家之一。近年来，虽然经济取得了一定发展，但目前为止国民收入仍处于世界中等偏下水平。柬埔寨虽然具有丰富的旅游资源，但在发展旅游业上还呈现出心有余而力不足的状态。中柬进行旅游外交，首先要对柬埔寨旅游业进行大力扶持。近些年来，中国经济的飞速发展使得中国已有能力帮助并扶持周边小国，尤其是中柬在“一带一路”倡议背景下，在有加强旅游合作的强烈意向时，中国可以承担起更多的责任，积极帮助柬埔寨发展旅游业，两国共同制定旅游合作政策。中国对柬埔寨旅游基础设施投入资金、技术和人才支持，柬埔寨鼓励国人走向中国，了解中国文化，加强两国民间往来，两国合作共同开发并保护柬埔寨旅游资源，致力于打造中国“一带一路”东盟线上的旅游合作模范关系。

（3）国家元首及重要领导人的推广

国家元首和重要领导人对吸引游客的宣传效果是巨大的。习近平主席前去访问的国家，大多会引起该国入境游客量的大幅增加。如：习近平主席在访问斯里兰卡时，斯里兰卡相关的包价旅游在随后的“十一”期间被预订一空；访问马尔代夫期间，某些公司的包价旅游销量实现了翻倍增长，其周边国家也受到了益处；彭丽媛夫人到访首尔乐天FINTIN商城，部分商品销售量翻了三倍；李克强总理访问爱尔兰，大大刺激了中国游客的前往体验需求。[①]国家领袖旅游外交，在给其他国家带去较好经济利益的同时，也带去了文明中国人形象，产生了很好的旅游外交效果。2016年10月，习近平主席也曾前往柬埔寨进行会晤，受到了柬埔寨领导人的友好接待。在旅游外交合作上，中柬可以进一步借助国家元首及重要领导人的巨大影响力，激发全国人民的热情，调动两国人民的积极性，加强双方旅游交往。

（4）旅游会议、论坛

旅游会议、论坛是两国进行交往合作的重要平台。柬埔寨一直以来都与中国保持着密切的会议、论坛合作关系，如在中国广西南宁举办的中国—东盟博览会，洪森首相曾屡次到场，甚至被亲切地称为“广西的老朋友”。2013年中国首次提出建设绿色“一带一路”倡议时，柬埔寨在第一时间予以支持，成为该倡议的坚定拥护者。在2017年5月13日至17日的“一带一路”国际合作高峰论坛上，洪森首相再一次出席，通过参与论坛的方式向中国表明了柬坚决支持中方“一带一路”倡议实施的立场，并再次表达积极合作意向，还通过论坛与中方签署了《共同推进“一带一路”建设合作规划纲要》等重要协议，共同推进中柬旅游合作与国家之间的友好往来关系。中柬之间的友好关系长期以来离不开会议和论坛等形式的互访，旅游会议和论坛也对中柬旅游外交活动的开展有着提供良机和平台的作用，鼓励两国之间开展更多旅游会议和论坛的跨国交往，无疑对促进中柬旅游外交关系发展和推进更广更深的合作具有重要作用。

---

① 邹统钎、胡莹:《旅游外交与国家形象传播》，载《对外传播》，2016年第5期，第22—24页。

2. 民间交往形式

（1）投资、合作模式

柬埔寨从1953年独立至今，经济建设虽然取得了一定的成效，但始终没有摆脱贫穷和落后的总体状况，目前仍是世界上典型的农业国，经济发展水平位于世界上不发达行列。近年来，随着柬埔寨旅游业的兴起，以及柬政府对国内经济的积极建设，国内经济发展虽然取得了一定成效，但总体情况仍不容乐观。历史上的柬埔寨主要依靠着外国的投资援助，中国便是其中之一，2000年初中国在柬主要投资于服装纺织项目、制鞋厂、产品加工、旅游开发等方面，中国资本涉足柬埔寨的大量行业。而自2003年柬埔寨“开放天空”政策开始实行后，柬政府格外重视国内旅游业的发展，中国企业也开始将更多的目光投向柬埔寨旅游业。柬埔寨不仅自然资源丰富，历史古迹也是当地旅游资源的一大特色。近年来，柬埔寨成为东南亚新兴旅游目的地，文化游和生态游是其两大亮点，每年接待国际游客500多万人次。中国投资商进入柬埔寨投资酒店业和餐饮业数量呈逐年上升趋势。2016年柬埔寨旅游部长唐坤博士两次带队赴中国召开旅游推介会，计划2020年前，每年吸引200万中国游客到柬埔寨旅游。中国游客的激增为旅游业和相关服务产品带来了前所未有的机会。

（2）旅游文化交流团

近年来，旅游文化交流团这一外交形式对两国民众了解异国文化和两国真实的友谊关系起着至关重要的作用。中国通过与日本、俄罗斯等国家的民间旅游文化交流活动实现了促进两国人民民心互通、增进两国之间友好关系的作用。中柬不仅要保持国家层面上的深厚友谊关系，两国的人民也应当在政府的带领下借力“一带一路”在旅游上提供的机遇来加深交流，实现两国人民的民心互通，为中柬深厚的友谊再添绚丽色彩。

五、中国对柬埔寨旅游外交关系展望

（一）中国与柬埔寨旅游外交关系的挑战

地缘政治学认为：“邻国的大小、强弱，以及发达还是落后，稳定还是动乱等基本情况，直接影响到一个国家的利益。”因而，与邻国保持稳定的友好关系成为了一个国家谋生存、求发展的重要外部条件之一。[①]中国长期以来实行的睦邻政策使得中国在亚太地区已获得不少忠实的拥护者，但时至今日，仍有部分国家对中国不怀好意，“中国威胁论”等不信任中国甚至是敌对中国的声音仍未彻底消除。另外，诸如南海争端等问题未获得根本上的解决，将持续成为威胁中国的不定时炸弹，不论是中国想要“与邻为善，与邻为伴”，将和平友好的形象深入到每一个邻国心里，树立公正友善的大国形象，还是着眼于当前为“一带一路”获得在东南亚友好顺遂的发展途径上，都将面临重重潜在的困难与挑战。

柬埔寨是二战后10个东南亚国家中遭受战乱之苦最长的国家，也因此成为东南亚最贫穷落后的国家。但是中国在历史上向这个贫困小国频频伸出援助之手，使得柬埔寨成为了东南亚各国中与中国关系最好的国家。中柬的外交关系在历史上经历了从无到有的过程，柬埔寨对中国的态度也发生了从敌对到支持，从不了解到深深信任的转变。反观美国与柬埔寨的关系，则是风云莫测、起伏不定，两国外交关系从有到无再到重建，中间经历了敌对甚至兵戎相见。因而柬埔寨在对大国态度上经历了一个转变，这个转变日渐改变了东南亚的政治格局，但也为柬埔寨自身带来了更大的威胁。柬埔寨这一贫穷落后的国家本身在很大程度上就依赖于外国援助，正如在历史上柬美断交后，柬拒绝一切美元，险陷入更大的经济困难当中，

① 张连福、裴正轩：《21世纪的中国与东盟国家关系：机遇、挑战、前景》，载《巢湖学院学报》，2006年第2期，第26—29页。

而现如今中柬的友好关系，其他援助国家难免会对柬埔寨产生嫌隙；另一方面，柬埔寨逐渐成为东盟组织中能够挺身而出以公正的立场为中国发言的力量，中柬关系更成为美国进军亚太地区，甚至是在东南亚部署对中国实行战略包围手段中所遇到的棘手问题，这些均使得不论是对于东盟组织中反对中国的国家，还是对于美国，都对柬埔寨构成了威胁。

中国欲将友好和平的大国形象深入到世界上每一个国家心里，还有相当漫长的路要走，而在东南亚，每一个不信任中国的国家都将成为中国扩大和平外交，甚至是当前实施“一带一路”倡议路上的潜在阻碍。中柬友好关系虽为中柬两国带来了多方面的益处，但也成为居心叵测之人眼中的麻烦，对贫穷弱小的柬浦寨构成潜在威胁。这时，中国更应成为柬埔寨的坚实后盾，在两国旅游外交上积极促进双边合作，向柬埔寨旅游业主动伸出援助之手，帮助友国借旅游大力发展国家实力；另一方面，也要坚定支持柬埔寨的国家主权和领土完整，尊重柬埔寨独立自主的外交政策，进一步加深两国间的友谊，共同面对两国如何扩大旅游外交合作，以及展示和平友好的外交形象的难题。

（二）中国与柬埔寨旅游外交关系的发展前景

1. 政治发展前景

中国与柬埔寨两国间的友谊有着悠久的传统，建交半个多世纪以来，由两国领导人共同缔造和培育的中柬特殊友谊深入人心。如今，美国决心重返亚洲，试图联合中国周边国家遏制中国发展，对中国实施新的战略压迫之时，洪森领导的柬埔寨依然可能发挥同样重要的作用。中国想要将“一带一路”倡议推进，成为与美国实行“亚太再平衡”战略的博弈，而中柬坚实的友谊则在中国与诸多前来搅局的域外大国的博弈中扮演着支持中国的重要角色。在东盟组织中，柬埔寨更是以客观公正的态度坚决支持中国立场，成为了在东盟会议中以公正态度为中国发言的一道强有力的声音，正如在南海问题上，柬埔寨顶住一些国家的压力挺身而出仗义执言，捍卫了真正的国际法治和地区规则秩序，为维护中国—东盟关系大局和地区和平稳定发挥了不可替代的作用。我们有理由相信，在未来中国遇到类似问题时，柬埔寨将依旧是中国最坚定的支持者，是中国在东南亚最忠实的伙伴之一。中国与东南亚各国的友好外交、与东盟的友好合作离不开柬埔寨所做出的积极贡献。

2. 经济发展前景

当前，中柬关系处于历史最好时期，经济合作与政治互信齐头并进。“一带一路”沿线以欠发达国家为主，柬埔寨正是其中的一个重要支点。由于柬埔寨经济基础薄弱的原因，旅游业的发展往往受到港口、机场、道路等基础设施落后等问题的阻碍。中国在与柬埔寨进行旅游外交时，有望通过帮助柬埔寨建设旅游基础设施等，来推动柬埔寨国内旅游业的发展，还可以带动中国国内先进的装备制造企业和优势产业实现“走出去”。[①]现如今，一大批样板工程正陆续推进，在西哈努克市，中国企业正积极参与到柬埔寨基础设施的建设当中去，“一带一路”倡议在柬埔寨旅游城市的落实正成为双边发展的新动力。自2008年正式奠基以来已走过9个年头的西哈努克港经济特区现已被誉为“一带一路”倡议中柬合作样板，如今已发展成为柬埔寨建设最大、就业人口最多的经济特区，洪森首相也对它寄予厚望，希望它成为“柬埔寨的深圳”。面对全新的发展机遇，柬埔寨正积极投入到中国的诸多基金及计划中，如“一带一路”倡议及包括丝路基金、中国—东盟海上合作基金在内的其他基金及计划等。在未来新的发展机遇之下，洪森首相领导的柬埔寨将会持续高举支持的大旗，积极参与到与中国的各项合作计划中来，在中国向东南亚推进“一带一路”倡议的过程

① 姚建莉、朱艺艺:《非节点城市如何借力“一带一路”》，载《新城乡》，2015年第7期，第54—55页。

中发挥更重要的作用。

此外，由于中国近5年来持续保持柬埔寨入境游第二大客源国的位置，柬政府也相当重视中国这一潜力巨大的市场。在21世纪初期，柬政府就已看准中国市场并开始采取一系列措施，如：执行交通全面开放政策后，为了吸引更多的中国游客，柬政府向中国政府要求在中国更多地开设领事馆，方便中国人办理签证。2005年6月，柬埔寨旅游部部长亲自带队参加在北京举办的国际旅游博览会，以加大柬埔寨旅游业的宣传力度。同年10月19日至22日，在中国南宁市举办的中国—东盟博览会，柬埔寨商业部官员及20多家公司代表和众多的投资商前来参加，将柬埔寨手工艺品等展示给中国人，以吸引其前往。

如今，随着中柬关系的进一步深化，柬埔寨又作为中国提出“一带一路”倡议时首先表明支持立场的伙伴，中柬在旅游业上的合作无疑将进一步扩大，并在中国“一带一路”倡议向东南亚推进，与沿线国家建立合作关系的战略实施过程中起到示范带头作用。中国以和平友好的外交形象，本着“睦邻、安邻、富邻”的政策方针，借助旅游发展把新机遇带向东南亚，通过与柬埔寨等建立和平友善的国家关系，积极促进东南亚地区经济发展，推动亚太地区经济一体化进程。中柬的旅游外交不仅将助力“一带一路”倡议，更将开启中国与东南亚合作关系的新局面。

中国发展缅甸旅游外交的战略意义及构想

李慕芳①

摘要：缅甸是中国周边外交中头等重要的国家之一，在中国“一带一路”互联互通格局中发挥着重要的交通枢纽作用。开展中缅旅游外交对促进两国旅游合作、推进双边外交关系发展、助力“一带一路”倡议的实施具有重要意义。本文通过分析缅甸外交环境、回顾中缅关系的发展历史及分析缅甸旅游业的发展现状，提出了中国对缅甸旅游外交实施的战略构想，包括中国对缅甸旅游外交的战略意义、中国对缅甸旅游外交的战略定位和政策理念以及中国对缅甸旅游外交的实施途径，并对中缅两国旅游外交的发展前景做出了展望，指出中缅旅游外交发展虽面临着诸多内外部挑战，但总体发展前景广阔。本文有助于全方位深入了解中缅旅游外交所面临的内外部机遇和挑战，为中缅旅游外交的开展提供参考。

关键词：一带一路；旅游外交；缅甸

① 李慕芳，中山大学旅游管理专业硕士研究生，研究方向为旅游外交、国际旅游合作。

The Strategic Significance and Conception of China's Tourism Diplomacy in Myanmar

LI Mufang

Abstract: Myanmar is one of the most important countries in China's neighboring diplomacy and plays an important role as a transportation hub in China's the Belt and Road connectivity plan. It is of great significance to carry out China–Myanmar tourism diplomacy to promote tourism cooperation between the two countries, promote the development of bilateral diplomatic relations and facilitate the implementation of the Belt and Road strategy. By analyzing the diplomatic environment of Myanmar, reviewing the development history of China–Myanmar relations and analyzing the development status of Myanmar tourism, this paper puts forward the strategic conception of China's implementation of tourism diplomacy in Myanmar, which includes the strategic significance, the strategic positioning and policy, as well as the implementation of China's tourism diplomacy in Myanmar. This paper also observe the prospect on the development of tourism diplomacy between China and Myanmar, pointing out that although the development of China–Myanmar tourism diplomacy faces many internal and external challenges, the overall development prospect is broad. This paper is helpful in understanding the internal and external opportunities and challenges of China–Myanmar tourism diplomacy and provides references for the development of China–Myanmar tourism diplomacy.

Key words: The Belt and Road Initiative; Tourism diplomacy; Myanmar

缅甸、越南、老挝和泰国是中国周边外交中东南亚板块的第一层次，在中国周边外交中占据重要地位，其中缅甸又是中国周边外交战略中头等重要的国家。首先，缅甸是云南省“走出去”的第一个涉外对象，对于促进云南对外开放以及维护西南边境的繁荣与稳定具有重要意义。①其次，缅甸能源资源丰富且连接印度洋与中国内陆，能源战略地位显著，对于保障中国能源安全具有重要作用。②最后，缅甸连接东亚、南亚和东南亚，是中国进入南亚半岛和印度洋的陆上必经通道，在“一带一路”互联互通格局中具有重要交通枢纽作用。③因此，缅甸对中国具有重要的地缘战略意义。近年缅甸积极促进产业结构调整，着手提高服务业的比重，计划将旅游业打造为拉动7%经济年增长率的支柱产业，拥有万亿级出境旅游市场和国民出境旅游中高端消费能力的邻邦中国成为缅甸重要的战略目标选择，中国旅游外交战略的提出得到了缅甸的积极回应。旅游外交有望成为两国外交关系发展的新动力和新引擎。

“旅游外交”一词最早见于杨公素《回忆“文革”时期的旅游外交》④一文，文中的旅游外交主要指“文革”时期旅游被用于外事接待和政治宣传，跟现代民众层面上的旅游外交有所出入。学者梅毅最先从理论上对旅游外交给予了关注，他于2006年连续发表了《旅游外交：我国旅游产业发

① 张党琼：《缅甸在中国周边外交中的地位与中缅关系的新发展》，载《东南亚南亚研究》，2015年第2期，第26—30页。

② 王楠：《地缘战略下的中缅关系新认识》，青岛大学硕士论文，2012年。

③ 姚勤华：《中缅交通互联互通现状与前景分析——以云南基础设施建设为视角》，载《社会科学》，2017年第5期，第25—37页。

④ 杨公素：《回忆“文革”时期的旅游外交》，载《国际政治研究》，1994年第3期，第50—55页。

展新取向》[①]、《试析旅游业的和平外交性》[②]、《旅游外交与中国和平发展》[③]三篇文章，论及了民间外交范畴意义上的旅游外交，揭示了我国旅游外交的客观存在，并对旅游外交的缘起和发展、属性和功能做出科学论述，为以后的研究提供了重要参照。此后多年，关于旅游外交的研究处于停滞状态。至2015年1月，“旅游外交”在中国旅游工作报告会议上被首次明确提出，旅游外交重新引发学界关注。夏雪的《论旅游经济对外交的影响力》一文指出旅游外交具有民众性、交流性、友好性、宣传性、政治性等属性[④]，胡敏等在《以旅游外交助力中巴经济走廊的心理认同》一文中论述了旅游外交在促进国家间的心理认同上的作用。[⑤]至2016年12月，国务院发布的《“十三五”旅游业发展规划》中明确提出要发展旅游外交，旅游外交正式被纳入国家外交战略范畴。当前中国正积极推进“一带一路”倡议，旅游外交方针的明确提出对于推进中国与沿线国家的旅游交往具有重要指导作用。基于此，本文通过分析缅甸外交环境、回顾中缅关系的发展历史及分析缅甸旅游业的发展现状，提出了中国对缅甸旅游外交实施的战略构想，并对两国旅游外交发展前景做出展望。

---

① 梅毅:《旅游外交：我国旅游产业发展新取向》，载《南昌大学学报（人文社会科学版）》，2006年第5期，第45—50页。

② 梅毅:《试析旅游业的和平外交性》，载《江西社会科学》，2006年第10期，第242—248页。

③ 梅毅:《旅游外交与中国和平发展》，武汉大学博士论文，2006。

④ 夏雪:《论旅游经济对外交的影响力》，载《当代经济》，2016年第18期，第109—110页。

⑤ 胡敏、曹兹纲、王杰:《以旅游外交助力中巴经济走廊的心理认同》，载《新疆社会科学（汉文版）》，2016年第6期，第79—82页。

一、缅甸的外交环境特点

（一）地缘环境的高风险性

由于特殊的地理位置，缅甸具有典型的边缘缓冲区特征，地缘风险性和脆弱性较高。从缅甸的周边安全环境来看，缅甸东北与中国接壤，西北与印度毗邻，周边环绕着泰国、马来西亚、老挝、孟加拉国等多个邻国，介于中国、印度、泰国、越南、缅甸等大湄公河次区域和南亚次大陆地缘战略区的重要支点国家之间，属于战略地缘交界区和地缘政治缓冲区，成为周边国家地缘政治博弈的战场。从全球范围的国际安全来看，索尔・科恩指出，当今世界四大地缘战略板块包括大西洋与太平洋贸易依赖海洋板块、欧亚大陆俄罗斯心脏地带、混合型大陆兼海洋的东亚板块，以及可能形成地缘战略板块的混合型大陆兼海洋的印度南亚次大陆地缘政治区，这些地缘战略板块的边缘交汇地带则是主要的战略缓冲区和战略争夺区，是世界上战争冲突最为频发的区域之一。[①]缅甸处在四大地缘战略板块交汇地带，夹在不同方向的地缘政治势力之间，处在不同政治力量争夺的前沿。[②]因此缅甸所面临的地缘环境压力较大。

地缘环境的复杂性和脆弱性对缅甸的外交战略产生了决定性的影响。从上述地缘环境分析来看，作为东南亚的小国，缅甸面临着来自区域内大国、中等强国乃至与自己实力不相上下的小国、以及区域外大国的威胁，这使得缅甸缺乏安全感，如何在大国夹缝中求得生存、维护国家安全成为缅甸制定对外战略的首要考虑因素。一般而言，为了生存和发展，缺乏独立发展能力的小国通常会采取联盟战略、中立战略、大国平衡战略、集体

---

① 李飞、成升魁、于会录等:《国家地缘脆弱性探索——缅甸案例及对中国地缘战略启示》，载《地理科学进展》，2016年第6期，第737—746页。

② 李飞、成升魁、于会录等:《国家地缘脆弱性探索——缅甸案例及对中国地缘战略启示》，载《地理科学进展》，2016年第6期，第737—746页。

安全战略等几种战略模式。[①]独立后，在冷战时期两大阵营对立的情况下，缅甸根据国际环境及自身国情选择了中立主义外交政策，坚持中立主义立场以避免与任何一方交恶或过于依赖于任何一方，成为大国斗争的牺牲品和棋子，这一中立主义传统一直延续至今，缅甸的外交政策带有明显的中立特点。当前，在大国纷纷加入东南亚的争夺、大国在缅激烈博弈的国际环境下，缅甸的外交政策逐渐转变为大国平衡政策，利用大国的力量博弈，在各大国之间周旋，以求在缓解缅甸地缘压力的同时实现缅甸利益的最大化。

（二）对被压迫历史的深刻记忆

缅甸有被他国威胁和压迫的历史记忆。一是缅甸长期处于中国这一北方强邻的阴影之下。缅甸地理上与中国相邻，北方强邻的存在本身就对缅甸这一小国而言具有持久的压迫性。张友谊表示，大国与小国之间的关系呈现出一种“庞然大物与惊弓之鸟”式的不对称对峙——二者之间的实力是远远不对称的，即使庞然大物停滞不前，也会带来惊弓之鸟的无限恐惧。[②]而在中缅的现实交往中，缅甸史书和中国史料中关于中缅战争的记载篇幅均较大，[③]其中，元代中缅发生了3次较大战争，乾隆时期爆发了影响最大的中缅边境战争。同时，缅甸在17至19世纪曾被纳入中国的藩属体系，中国将中缅关系定位为君臣关系，在中缅交往中，居于下位的缅甸始终谨慎行事。[④]二是缅甸曾遭受到英国的殖民统治和日本的占领，最终通过武装斗争的暴力革命方式取得国家独立和民族解放。

---

① 姚懿：《小国对外战略选择特性研究——以东南亚国家为例》，外交学院硕士学位论文，2012年。

② 蔺佳、戚凯：《缅甸外交政策调整与中缅能源合作》，载《国际关系研究》，2014年第3期，第52—61页。

③ 徐静：《17至19世纪中缅交往述论》，云南大学硕士论文，2015年。

④ 徐静：《17至19世纪中缅交往述论》，云南大学硕士论文，2015年。

对任何国家来说，历史以及对历史的记忆与理解，都影响着其对外部世界的认知及与外部世界的互动，会在该国的外交议程上留下浓厚印记，甚至直接影响其对外政策的制定，因为决策者、政治精英甚至普通民众总是倾向于从历史中总结经验教训，或者将国家当下的处境同历史相比对。[①] 缅甸历史上与周边及域外大国互动的历史记忆对其外交思想的形成产生了深刻的影响。长期的殖民历史记忆使得缅甸具有更彻底的反殖民主义立场，十分珍视独立成果，高度重视国家独立和主权完整，因此对他国有较强的防备和疑惧心理，对中印两个区域内大国及美国等域外大国的行动表现出高度的敏感和紧张，坚决反对他国干涉内政。同时暴力革命反抗也使缅甸具有强烈的民族主义情绪，相信自力更生和独立自主，反对成为他国附庸。缅甸外交因此表现出明显的独立性和自主性特点。

（三）政治和经济发展水平的不平衡性

缅甸经济以农业为主，独立以来，由于农业生产力水平低下、内政动荡、西方长期的经济制裁、经济政策失误或执行乏力、军政府的腐败等诸多原因，缅甸的经济发展长期处于停滞甚至倒退状态，20世纪80年代缅甸被联合国纳入最不发达国家行列，至今仍未脱离这一行列。2015年缅甸仍有25.6%的人口处于国家贫困线以下，是东南亚国家中贫困人口占比最高的国家，见图1。

① 王森:《战略探源：东盟大国平衡外交的缘起》，载《战略决策研究》，2015年第2期，第31—45页。

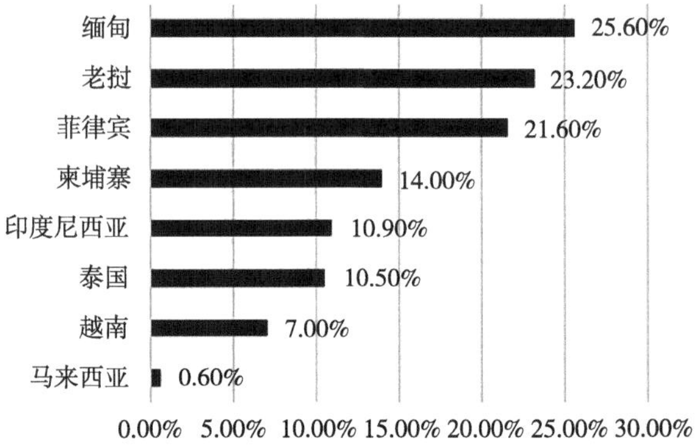

图1 东南亚国家贫困线以下人口比例（资料来源：根据亚洲开发银行数据整理）

同时，当前缅甸国民经济体系主要依靠农产品和自然资源出口支撑，经济发展易受自然环境、地缘经济和地缘政治等因素变化的影响和冲击，[①]表现出明显的脆弱性特点。如在2015年和2016年，由于遭遇严重洪涝灾害及国际油气价格的下跌，缅甸贸易收入大幅减少，GDP明显下降，2017年随着天气回归正常和国际农产品需求的强劲化以及外国投资的持续增长，缅甸经济又迅速回升，见图2。

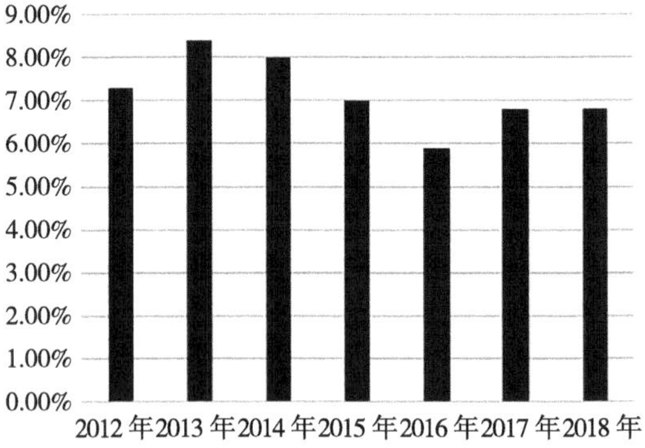

图2 缅甸GDP增长率（资料来源：根据亚洲开发银行数据整理，2018年为预测值）

① 李飞、成升魁、于会录等:《国家地缘脆弱性探索——缅甸案例及对中国地缘战略启示》，载《地理科学进展》，2016年第6期，第737—746页。

政治上，缅甸是一个多民族、多宗教的国家，由于殖民时期英国对缅甸曾采取“分而治之”的政策，有意制造缅族与少数民族之间的隔阂和宗教差异，[①]以及独立后缅甸采取民族歧视和宗教歧视政策，造成了缅族与少数民族之间在地位和发展上的不平等，导致了缅甸境内民族和宗教暴力冲突频发，在缅甸边陲形成了数十支少数民族地方武装力量，造成了缅甸境内长达60年的内战和割据，威胁着缅甸的政治稳定和国家统一。

外交是内政的延伸，内政的强盛可以为小国对外战略提供坚实的后盾，反之则会成为小国对外战略实施中的羁绊。[②]缅甸政局的复杂动荡及经济的落后不仅使得缅甸对外部压力的抵抗力减弱，对外部环境变化极为敏感，同时使得缅甸的政治暴露性较强，为外部势力的渗透提供了诸多机会，加剧了缅甸的地缘风险。此外，为了维护政局的稳定、促进经济的发展繁荣，缅甸对外国政治援助、军事援助、经济援助、投资、技术与经验支持等依赖性较大，外交表现出明显的务实性特点，即重视实际交流内容，追求实际外交权益。可以看到务实外交成为各国改善或加强与缅甸关系的重要突破口。如在缅甸成功实现民主化转型之后，美国调整对缅甸的制裁和孤立政策，对缅甸实施务实接触，以美元、美资、美援拉拢缅甸，以促进缅甸的民族化改革。[③]而日本和印度则从20世纪90年代开始，一直通过加大对缅甸投资和经济援助的现实主义外交手段来加强与缅甸的关系，以实现国内发展和平衡中国在缅甸的影响力。

---

① 祝湘辉、孔鹏、杨祥章编:《缅甸国情报告（2016）》，社会科学文献出版社，2017年，第145页。

② 姚懿:《小国对外战略选择特性研究——以东南亚国家为例》，外交学院硕士学位论文，2012年。

③ 陈忠伟:《缅甸外交走向新推演》，载《光明日报》，2015年11月20日，第012版。

二、中国与缅甸地区关系的发展

（一）中国与缅甸地区外交关系发展的简要回顾

中缅两国的交往源远流长，据史料记载，中缅在汉朝就有了往来。受地缘政治和地缘经济影响，双方对彼此都有着重要的地缘战略意义，发展友好外交关系成为中缅双方共同的利益诉求。自1950年建交以来，中缅外交关系总体上平稳向前发展，双边合作不断升级。建交后两国外交关系发展具体经历了以下4个阶段：一是磨合阶段（1950—1962年）。这一阶段是两国逐渐确立政治互信的时期。建交初期，中缅间充满怀疑和不信任，两国关系冷淡而疏离，双边外交并未取得实质性进展。[①]至1954年，中国开始在周边推行睦邻友好政策，[②]周恩来总理亲自访缅，逐渐打消了缅甸对华疑虑，双方共同倡导了和平共处五项原则，两国关系取得突破性进展。20世纪50年代末，两国政府达成互设领事馆的协议，60年代两国又通过友好协商圆满解决了历史遗留的边界问题。二是震荡阶段（1962—1988年）。这一阶段中缅关系经历了由升温至遇冷到恢复正常的震荡过程。1962—1964年为缅甸奈温政权执政初期，中缅高层互访不断。1965—1970年为两国关系的低潮期。1967年，中国“文革”的政治风波蔓延至缅甸华人群体，缅甸爆发了大规模排华事件，两国关系因此陷入低谷，双方互相撤回外交使节。至1971年，两国重新恢复高层往来，双边关系恢复正常化。三是特殊友好阶段（1988—2011年）。这一阶段为中缅关系的特殊友好发展时期。1988年，缅甸军政府以武力镇压国内反政府运动，以美国为首的西方国家以该行为违反了民主和人权为由，相继对缅甸实施制裁

---

① 范宏伟：《从外交部解密档案看建交初期（1949~1953）的中缅关系》，载《云南社会科学》，2008年第2期，第135—139页。

② 范宏伟：《从外交部解密档案看建交初期（1949~1953）的中缅关系》，载《云南社会科学》，2008年第2期，第135—139页。

和孤立。在空前的外交困境下，缅甸寻求依托中国这一地区大国来缓解外交压力，对中国采取了特殊友华政策，中国亦选择继续与缅甸交好，向缅甸大力提供经贸援助和外交支持，两国关系逐渐升温，中国成为在缅影响力最大的国家。这一时期缅甸被西方制裁和孤立的困境没有发生根本性变化，中缅特殊友好的局面得以维持了较长时间。[①]四是转型发展阶段（2011年至今）。2011年，随着民主化转型成功，缅甸内政外交发生了重大变化，这为传统中缅关系带来了空前的挑战和冲击。内政上，缅甸军队一家独大的政治格局消失，国内政治力量越来越多元化。中国已无法仅通过与缅甸中央政府和军队打交道来确保自身利益，在处理对缅关系时需考虑的外交主体增多。外交上，美国等西方国家相继解除对缅制裁并寻求改善与缅关系，缅甸的外交空间扩大，中国在缅甸的地位开始下降。中缅关系面临着转型的挑战，卢光盛教授认为，中缅间正常的双边关系将取代特殊的双边关系。[②]

（二）中国与缅甸地区多种形式的合作关系

1. 政府间的双边合作关系

建交以来，中缅保持着良好的高层密切接触传统，两国在推进双边关系长期稳定发展上不断达成共识。2000年，两国发表了《中华人民共和国和缅甸联邦关于未来双边关系合作框架文件的联合声明》，双方宣布将继续保持高层密切互访传统，积极开展各政府部门、各民间团体、各阶层的互访交流，进一步加强两国在贸易、投资、农业、渔业、林业、旅游、文化、教育、卫生、体育、宗教等领域的交流与合作。2011年，两国发表了《中华人民共和国与缅甸联邦共和国关于建立全面战略合作伙伴关系的

① 岳德明:《冷战后缅甸对华政策刍议》，载《外交评论》，2005年第4期，第57—63页。

② 祝湘辉、孔鹏、杨祥章编:《缅甸国情报告（2016）》，社会科学文献出版社，2017年，第374页。

联合声明》，宣布建立中缅全面战略合作伙伴关系。两国将继续加强政治、司法、外交和经贸合作，进一步推进在教育、文化、科技、卫生、农业、旅游及边境事务管理等各领域的友好合作。2014年，两国发表了《中华人民共和国与缅甸联邦共和国关于深化两国全面战略合作的联合声明》，表示将全面加强两国政治、经贸、安全、军事、人文等各领域合作，这将中缅全面战略合作伙伴关系推向了新高度。

2. 中缅多边合作

东南亚及整个亚太地区的各个国家经济发展水平、文化背景和地缘环境差异较大，而地缘利益相交，建立多边合作机制有利于为多方交流协商打造共同的平台，实现区域内的优势互补，促进区域共同发展。多边合作因此成为中缅合作关系的重要形式。中国—东盟“10+1”、大湄公河次区域经济合作机制是中缅重要的多边合作机制，在促进区域贸易合作与经济合作，打造区域共同体，实现共同繁荣方面发挥了重要作用。此外，中缅双方在联合国、亚洲合作对话，东亚合作，澜沧江—湄公河合作等多边合作机制上亦不断加强协调与配合。

3. 民间交往

历史上中缅人民之间虽以“胞波”相称，但建交以来，中缅两国的民间交往进展缓慢。这有中缅两方面的原因：中国方面，长期以来，中国奉行“外交无小事”准则，对外交往权力主要集中在中央，民间外交和公共外交发展不足。而缅甸方面，在民主政治转型以前，缅甸军政府对中国非政府组织和个人在缅甸的活动进行严格管制。这使得两国间长期缺乏有效的沟通与对话机制，缅甸国内民众反华情绪强烈，针对中国的“资源掠夺论”和“大国威胁论”一度甚嚣尘上。2011年以后，中国开始重视对缅甸的民间外交，中缅民间交往开始活跃，中国国内从政府到非政府组织机构均开始介入缅甸社会，中国企业也在缅开展争取民心活动。但当前，两国民间交流的规模、层次、广度与深度远不能满足中缅关系在新时期的发展需要，两国要完全实现民心相通还有很长的路要走。

三、缅甸旅游业发展现状

（一）缅甸旅游资源特点

1. 自然旅游资源丰富多样

缅甸拥有高原山地资源、大河及滨海资源、动植物资源等多种自然旅游资源，在狭长的领土上形成了复杂多样的自然景观。首先，由于地形和地势差异，缅甸南部呈现浓郁的热带风光，北部则呈现高原山地风光，高原上分布着湖泊，代表性湖泊为茵莱湖，茵莱湖以“高原蓝海”著称于世，湖上居住着独特的“水上人家”。国土西北部海拔4000米以上的山地则可以看到高山雪景，是东南亚唯一一个可以看到雪山的国家。境内河流顺地势纵贯缅甸南北，伊洛瓦底江、萨尔温江、钦敦江等河流水面宽阔，气势磅礴，两岸峰峦起伏，森林茂密，形成了独特的大河风光及瀑布景观，代表性的瀑布有德勒省彬乌伦的阿尼萨卡瀑布。同时，缅甸海岸线漫长，滨海旅游资源较为丰富，拥有额不里、羌达、威萨、色塞、貌玛干等众多海滩，其中额不里海滩是世界著名的滨海度假胜地。此外，由于地处热带和亚热带，深受季风气候影响，加之地形复杂多样，缅甸成为中南半岛上生物多样性最为丰富的国家，2010年缅甸森林覆盖率为41%，盛产柚木、檀木、灌木、鸡翅、铁力、酸枝木等各种硬木及丰富的竹类和藤木资源。①

2. 人文旅游资源深厚独特

佛教文化旅游资源是缅甸最具代表性的旅游资源。缅甸85%以上的

① 中国银行股份有限公司、社会科学文献出版社编:《缅甸》，社会科学文献出版社，2016年，第55—56页。

人口信仰佛教，境内佛教遗迹和佛教建筑众多，历史积淀深厚，蒲甘、仰光、曼德勒等城市均是历史悠久的宗教圣地，也是缅甸有名的宗教旅游城市。其中蒲甘保留着缅甸各个历史时期的众多佛塔，享有“万塔之城”的美誉，与柬埔寨的“吴哥窟”、印尼的“婆罗浮屠”并称东南亚三大奇迹。[①]仰光为缅甸著名的旅游城市，市区北部的仰光大金塔是世界著名佛塔之一。[②]曼德勒则是缅甸著名的古都，保留着王宫、王城和大佛塔等古代建筑。[③]此外，缅甸还拥有诸多其他形式的佛教文化旅游资源，[④]如泼水节、浴佛节、结夏节、点灯节等与佛教相关的节庆活动，以及其他与佛教文化相关的音乐艺术和绘画雕刻艺术资源。同时缅甸还拥有丰富的少数民族文化旅游资源。缅甸是拥有135个民族的多民族国家，境内东、西和北部的高原山地地区分布着众多少数民族，各民族的生活习俗、服饰文化和饮食文化各具特色，众多民族音乐舞蹈精彩纷呈，民族工艺精湛独特，共同构成了丰富独特的民族文化旅游资源。

（二）缅甸旅游业发展特点

1. 发展速度快

2011年，缅甸民选政府上台后，施行了一系列改革措施来推进缅甸旅游业的发展，缅甸旅游业取得了快速发展。2015年的世界旅游理事会（WTTC）报告称，随着开放不断深入，缅甸旅游业发展势头迅猛，未来

---

① 汤先营：《缅甸跻身最佳旅游胜地》，载《光明日报》，2012年2月11日，第008版。

② 王建林、钱玲：《缅甸的诗意时光》，载《中国摄影家》，2014年第4期，第162—165页。

③ 王建林、钱玲：《缅甸的诗意时光》，载《中国摄影家》，2014年第4期，第162—165页。

④ 潘柳榕：《缅甸居民对佛教文化旅游资源原真性的保护行为研究》，广西大学硕士论文，2014年。

十年内缅甸或将成为全球旅游业发展速度最快的国家。[①]从缅甸国际游客接待量和外国对缅旅游投资的变化可以看到缅甸旅游业呈快速增长趋势。2012—2015年，缅甸主要旅游地区入境游客接待量总体呈快速增长趋势，入境旅游总人次由2012年的105.9万上升到2015年的468.1万，见图3。[②]同时，缅甸政府不断推出旅游投资优惠政策，外国对缅旅游投资逐年稳步增长。2012年外国在缅甸直接投资的酒店和旅游项目投资额共为14.2亿美元，2013年共19.2亿美元，2014年共25.6亿美元，2015年共26.8亿美元，2016年共30.8亿美元，2017年已达43.7亿美元。[③]

图3　缅甸入境旅游接待人次变化趋势（资料来源：根据缅甸饭店与旅游部数据整理）

---

① 中华人民共和国驻曼德勒总领事馆经济商务室:《未来十年缅甸旅游业发展速度或为全球第一》，中华人民共和国商务部网站：http://mandalay.mofcom.gov.cn/article/jmxw/201510/20151001127873.shtml，2015-10-8。

② 数据来源于缅甸饭店与旅游部官方网站历年发布的统计数据：http://tourism.gov.mm/en_US/publications/myanmar-tourism-statistics/，2018-1-1。

③ 数据来源于缅甸饭店与旅游部官方网站历年发布的统计数据：http://tourism.gov.mm/en_US/publications/myanmar-tourism-statistics/，2018-1-1。

2. 基础设施落后

缅甸国内经济发展水平较低，交通、电力和通信等基础设施严重落后。缅甸外部交通和内部交通均不发达，国内机场较少及航班航线少，公路密度低于东盟平均水平。交通运输设施落后使得在缅旅行时间长、成本高，便利度低下。缅甸同时还存在电力资源短缺问题。缅甸是东南亚地区电力覆盖率最低的国家，目前只能供应国内30%的电力，还存在70%的电力缺口。缅甸在通信方面也相当落后，是全球移动电话和互联网普及率较低的国家之一。[①]基础设施的落后使得国际游客在缅甸的出行范围局限在仰光、曼德勒等旅游服务接待能力相对较高的城市，旅游流难以疏散，同时使得缅甸旅游成本高，性价比低，降低了缅甸在东南亚旅游市场的竞争力。

3. 旅游安全问题突出

缅甸的旅游安全问题主要表现为边境旅游安全问题。目前边境地区占缅甸入境旅游市场的大部，边境地区市场的变化对当年缅甸入境旅游市场的变化起决定性作用。而缅甸边境地区安全问题突出，这对边境旅游发展造成较大威胁。其中缅北的“民地武”问题是对旅游影响最大的安全问题。2016年，因缅甸北部多地爆发武装冲突，缅甸东部、东北部、北部边境地区入境旅游人次急剧下降，造成了入境旅游总接待人次的大幅下跌。此外，缅老泰三国交界的“金三角”地区民族、政治和经济关系复杂，且远离三国政治经济中心，各国对此地的管理均较为薄弱。随着边境贸易发展及跨国旅游的兴起，边境人口流动加速，边境走私、制毒贩毒、拐卖妇女儿童、赌博、卖淫嫖娼等跨国犯罪随之不断增长，[②]使边境游客的旅游安全

① 杜兰:《“一带一路”建设背景下中国与缅甸的经贸合作》，载《东南亚纵横》，2017年第1期，第29—35页。

② 张党琼:《缅甸在中国周边外交中的地位与中缅关系的新发展》，载《东南亚南亚研究》，2015年第2期，第26—30页。

受到较大威胁。

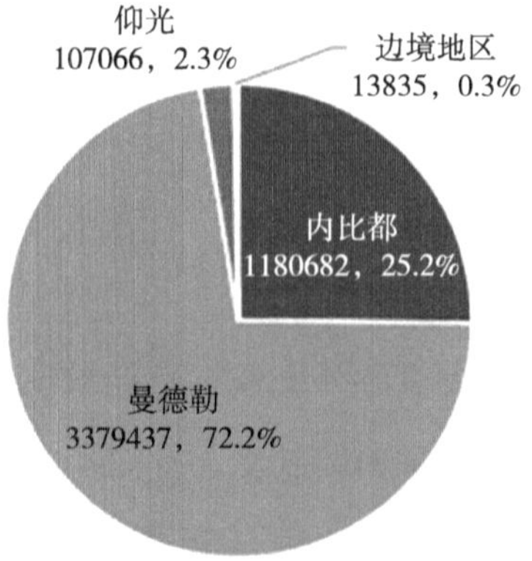

图 4　2015 年缅甸各地区国际游客接待人次及比例

（资料来源：根据缅甸饭店与旅游部数据整理）

四、中国对缅甸旅游外交战略构想

（一）中国对缅甸旅游外交的战略意义

一方面，中国开展对缅甸旅游外交有利于促进两国旅游业的共同发展。中缅双方旅游发展阶段相异，旅游资源禀赋不同，两国发展旅游合作具有较强的优势互补性。对缅甸而言，开展旅游外交有利于利用中国在资金、技术、经验和信息等方面的优势，促进缅甸旅游资源开发，推进缅甸基础设施和服务设施建设，改善缅甸旅游环境和投资环境，从而顺利实现缅甸旅游业增长目标，带动缅甸服务业的整体发展，促进缅甸经济转型。对中国而言，旅游外交战略契合中国的“走出去”战略，符合中国企业内生扩张的需求。宋昌耀等指出，“中国对外旅游资源领域的投资实际上是在进口优质的环境、优质的资源，通过进口环境与资源来缓解国内环境与资源的压力”[①]，因此中国企业对缅甸的旅游投资是保障中国旅游资源可持续的途径之一。同时，中缅旅游外交也为云南地区旅游业发展带来历史性机遇。云南与缅甸毗邻的多个州市历史上为蛮荒之地，远离经济发达区和云南省会昆明，[②]随着旅游外交的开展，这些州市作为对接两国旅游的边境口岸，地位将极大提升，未来经济发展动力强劲，通过发展可成为中国边境旅游的示范区。

另一方面，中缅开展旅游外交具有较强的政治衍生意义，有利于巩固中缅双边关系，服务于中国整体外交。首先，中缅旅游外交可以为两国关系发展巩固根基。一是旅游外交可以增强两国经济的依赖性，从而巩固两国友好关系的物质基础。二是开展旅游外交有利于为两国民间交往提供重要渠道，刺激两国居民的旅游互访，从而联络两国民众感情，提高民众互信度，为两国外交关系发展培育良好的社会基础和民意基础。其次，中缅旅游外交的顺利开展也具有良好的示范效应，可推动中国与其他国家关系的发展。中国旅游外交战略的着力点是“一带一路”沿线的重点国家及周边国家，中缅旅游外交的成功可向他国，尤其是周边国家展示中国旅游业的经济辐射和带动作用，增强周边国家对中国旅游外交战略的信心和重视，从而提升周边国家对中国的重视，进而推进中国周边整体外交的发展，提升中国在周边区域的影响力。

（二）中国对缅甸旅游外交的战略定位和政策理念

中国旅游外交战略是在综合考虑旅游外交的战略意义和中国旅游业发展潜力的基础上提出的，这一战略的提出具有较大的自觉性和较强的目的性，因此中国对发展中缅旅游外交具有明确的战略定位和战略愿景。中国

① 宋昌耀、厉新建:《“一带一路”倡议与中国对外旅游投资》，载《旅游学刊》，2017年第5期，第3—6页。

② 姚勤华:《中缅交通互联互通现状与前景分析——以云南基础设施建设为视角》，载《社会科学》，2017年第5期，第25—37页。

对缅甸发展旅游外交的战略定位主要包括以下四点内容：一是促进两国旅游合作，通过优势互补促进两国旅游资源和旅游目的地开发，共享旅游业发展的红利。二是增进两国民间交往、推动文化交流和传播，继而促进缅甸民众对中国的了解，改善中国在缅甸的形象，并提高两国民众友好互信，实现民心相通，为双边关系发展奠定坚实民意基础；三是以提升中缅关系来服务我国的周边整体外交；四是配合“一带一路”倡议，发挥“互联互通、旅游先通”的作用，让丝路沿线人民率先互动起来，以旅游外交促进民心相通，为实现政策沟通、设施联通、贸易畅通、资金融通奠定民意和社会基础。同时，开展对缅甸旅游外交离不开正确政策理念的指导。中国发展对缅甸的旅游外交是在发展周边外交、推进“一带一路”倡议与建设“孟中缅印经济走廊”的顶层战略下进行的，因此对缅甸旅游外交的政策理念应契合中国周边外交理念和“一带一路”精神。具体应努力贯彻“亲、诚、惠、容”的周边外交新理念，努力营造一个和谐、稳定、可持续发展的大周边；①发扬“和平合作，开放包容，互学互鉴，互利共赢”的丝路精神，为中缅旅游合作与交流打造一个开放、包容、共赢的平台；以国家旅游外交战略为导向，围绕服务国家整体外交、服务旅游业发展、服务广大游客的工作思路，②以政府为主导力量，全面动员企业、智库、非政府组织和机构、民众及其他外交主体，开展不同层级和形式的外交活动，服务于中国的整体外交战略。

（三）中国对缅甸旅游外交的实施途径

1. 积极发挥政府的主导力量

（1）促进各方达成理念共识。达成理念共识是中缅旅游外交开展的前

① 张党琼：《缅甸在中国周边外交中的地位与中缅关系的新发展》，载《东南亚南亚研究》，2015年第2期，第26—30页。

② 徐万佳：《2015，旅游外交走向前沿》，载《中国旅游报》，2015年12月30日，第001版。

提和保障。中国政府需发挥主导力量，促进中缅之间以及中国国内不同外交主体之间达成理念共识，共促中缅旅游外交发展。一方面，中国政府需打消缅甸对华疑虑，促进缅甸对华的包容开放。现阶段由于缅甸政府对中国的实力扩张存有疑惧，缅甸民众对华抱有敌对情绪，双边旅游外交难以取得实质性进展。只有提高缅甸政府和民众对中缅旅游外交战略的认同感，中缅旅游外交才能快速发展。因此，消除缅甸对华的疑虑应是开展旅游外交的先行工作，并且应是一项贯穿旅游外交始终、需长期坚持的工作。中国应通过领导层的互访沟通，借中缅旅游合作论坛及其他多边合作机制，向缅甸领导人表明旅游外交的益处、中国促进周边和平与发展的愿望，以及中国坚定奉行和平共处五项原则的政治承诺，以降低缅甸政府对中国的戒备。同时，中国要发挥公共外交的作用，善用媒体资源，发挥官方和民间背景的非政府组织的作用，开展诸如旅游年之类的活动，多途径向缅甸民众传达中缅旅游外交对缅甸绿色经济发展、就业增长和民生改善的重要意义，来降低缅甸民众的防范心理，也表达中方对缅甸民意的重视，提高缅甸民众对华的接受度和推动中缅旅游外交的积极性。另一方面，中国政府要促进国内政府、企业、民众和非政府组织达成一致共识，发挥各方主体在中缅旅游外交中的作用。具体可通过下达中央文件和精神、利用官方媒体和大众媒体进行积极宣传、开展商界论坛和会议等方式来增强民间层面对中国开展旅游外交的认识，从而为各方在缅甸的活动提供统一的原则和方向指导。

（2）积极推进具体项目领域的合作。中国政府应积极推进与缅方在基础设施建设、跨境旅游合作区建设、旅游安全环境建设等具体项目领域的合作。第一，政府应积极促进中缅边境的互联互通，协助缅甸的交通、电力和通信等基础设施建设。道路连接和畅通是发展边民贸易和国家贸易的前提，建设云南与缅甸陆水空跨境通道是落实“一带一路”倡议的重中之重，因此中国要加大对云南边境地区基础设施建设的支持力度，促进中国边境地区交通的发展。[①]同时，中国要积极协助缅甸进行基础设施建设，通过发挥亚洲基础设施投资银行和丝路基金的作用、向缅甸提供财政和资金援助、引导中国相关企业赴缅投资等方式来促进缅甸基础设施建设。第二，政府要继续深化双边旅游合作，为中缅旅游交往铺平道路。具体应在以下方面加强合作：发挥云南与缅甸接壤的优势，共建中缅跨境旅游合作区；通过识别和整合区域旅游资源来打造多条跨境精品旅游线路，创造和丰富中缅跨境旅游产品；引导中国企业和个人赴缅甸进行旅游投资经营；引导中国游客进入缅甸，具体需通过推动缅甸签证制度改革、简化办证手续、优化缅甸自驾旅游环境、推进缅甸旅游人力资源建设、增加英语和中文导游的数量等来提高中国游客赴缅旅游的便利度。并需在中国国内加大对缅甸旅游的宣传力度，可通过制作“一带一路沿线旅游——缅甸”官方视频宣传片、建设缅甸旅游中文网站等方式来增进中国游客对缅甸旅游业的了解。第三，中国应与缅甸共同打造安全、稳定的跨境旅游环境。缅北与中国接壤，且许多少数民族为中缅跨境民族，缅甸北部民族问题的解决离不开中国的调解和斡旋。在不干涉缅甸内政的前提下，中国应创造性地介入缅北的“民地武”问题，积极促进缅甸民族和解进程。同时中国应在打击边境走私、制毒贩毒等跨国问题上与缅甸政府加强合作，改善传统安全形势，巩固边境的安全。此外，中国应与缅甸共建安全合作机制，促进缅甸旅游安全体系的完善，保障中国在缅游客的人身和财产安全。

（3）推进对缅甸的研究和认识。推进对缅甸的研究和认识，有利于为两国旅游外交提供智力支持，增进中国政府、企业、民间组织、媒体和普通民众等不同外交主体对缅甸经济、政治、社会、文化、习俗、语言和民

① 姚勤华:《中缅交通互联互通现状与前景分析——以云南基础设施建设为视角》，载《社会科学》，2017年第5期，第25—37页。

族心理等方面的认识，减少两国在旅游交往中因政治和文化背景差异而带来的摩擦和错误，提高交往效率，促进官方交往、民间交流和公共外交的顺利进行。当前，中国对缅甸还缺乏全面系统的研究。马戎教授指出，长期以来，我国的对外研究注重于少数发达国家和大国，却忽视了发展中国家，对发展中国家的研究面临着研究机构和专业研究人员少、研究成果少且缺乏专业深度以及研究专题零散不系统等问题。[①]缅甸即处于这些发展中国家之列，目前中国对缅甸的研究已难以跟上新时期中缅外交关系发展的需要。为促进对缅甸的研究和认识，政府应支持缅甸研究院、中国现代国际关系研究院等现有相关研究机构的建设，积极加强智库和学术网络建设，以推动对缅甸系统研究的发展。不止于此，政府还需推动研究成果在民间的传播和应用，提高中国民众对缅甸的认识。目前民众可获取的关于缅甸的相关信息少而零散，搜集起来困难，可信度难以辨别。随着中缅旅游外交的开展，中方需要搭建便捷网络平台为中国民众提供官方权威、系统全面、时效性强的缅甸旅游资料和信息。具体可通过建设中文版缅甸官网的方式，筛查和整合缅甸相关资料，系统介绍缅甸的国情、文化、风土、人情、旅游资源、旅游安全、旅游攻略、最新旅游新闻、实时旅游动态等，提高中国民众对缅甸的认识，为中国游客赴缅旅游提供信息参考。

2. 充分发挥企业和民众的力量

从企业层面来说，一方面，中国旅游企业要提升跨国经营与合作的经济效益。首先，中国企业要综合分析对缅投资的风险和潜力，充分认识对缅旅游投资效益。具体需综合考量缅甸旅游经济规模、文化因素、制度因素、政策环境及其中缅双边关系等投资环境因素，关注投资的安全和风

① 王湘穗:《“一带一路”离不开民心相通》，载《经济导刊》，2017年第2期，第26—31页。

险，研究和判断旅游投资的环境和潜力，[①]选择合适的投资项目和投资方式，避免盲目投资造成的经济和资源损耗。其次，中国在缅企业与缅甸企业应在旅游营销、旅游资源开发、旅游产品开发、旅游人力资源建设、旅游基础设施建设、环境保护等方面通力合作，共同打造良好的中缅跨境旅游环境，提升区域旅游整体竞争力。另一方面，中国旅游企业要注重对缅甸旅游投资的社会效益。具体需尊重当地的文化和风俗习惯，注重社区参与和社区利益，提高投资项目的社区融合程度，积极将共建共享的理念融入具体项目建设和投资上，使得旅游合作与投资惠及缅甸普通民众。[②]并注重环境保护和可持续开发利用，做负责任的中国企业。同时要注重媒体公关，全方位地提高中国企业在缅甸民众心中的形象。从民众层面来说，中国民众赴缅甸旅游时要做负责任的旅游者，尊重当地民众的文化、风俗和习惯，自觉保护当地环境。并做文化交流传播的使者，向缅甸民众传播中华文化，增进缅甸民众对中国的了解，改善中国在缅甸民众心中的形象。同时中国应向来自缅甸的游客或留学生表示友好，尽可能为缅甸民众创造便利的旅游或生活环境，增进缅甸民众对中国的感情。

五、中国对缅甸旅游外交关系展望

（一）中国与缅甸旅游外交关系的挑战

中缅两国旅游外交面临的外部挑战主要来源于大国在缅甸及东南亚其他地区的博弈。大国博弈增强了缅甸的地缘环境风险，使中缅旅游外交发展缺乏安全稳定的国际环境。对此，中国应积极推进澜沧江 — 湄公河流

---

① 宋昌耀、厉新建：《‘一带一路’倡议与中国对外旅游投资》，载《旅游学刊》，2017年第5期，第3 — 6页。

② 宋昌耀、厉新建：《‘一带一路’倡议与中国对外旅游投资》，载《旅游学刊》，2017年第5期，第3 — 6页。

域的区域合作、加强中缅经济走廊建设、增强中国与东盟的对话与联系，以推进区域命运共同体建设，共同抵御域外大国势力的博弈。同时，中缅旅游外交也面临着来自缅甸内部的诸多挑战。其一是经济挑战，缅甸公路、铁路、航运、电力、通信等基础设施建设严重滞后，拖累了投资物流、经贸的快速发展，[①]使得缅甸的旅游环境和投资环境较差。这需要中国加强对缅甸的经济援助，积极引导中国企业对缅甸基础设施领域进行投资，同时发挥“丝路基金”和亚洲基础设施投资银行的扶持作用。其二是舆论挑战。缅甸国内部分民众反华情绪较为强烈，部分缅甸媒体公开抨击中国，缅甸国内部分民主派人士甚至反对国内旅游业的发展，一些外国非政府组织在缅甸传播关于中国的负面言论，煽动着缅甸民众的情绪，中缅旅游外交面临着较大的舆论阻碍。中国对此的基本应对措施应是积极做实事，尊重缅甸的经济、社会和环境协调发展诉求，切实为缅甸的社会民生发展做出贡献，以事实攻破流言。同时还需发挥媒体及中国民间非政府组织的公关作用，改善中国在缅甸的形象，抵抗国内外反对声音的恶性攻击。其三是安全挑战，缅甸国内的民族和宗教问题以及中缅边境的跨境犯罪问题对中缅旅游外交造成了阻碍，影响了缅甸的旅游环境和投资环境，挫伤了外国旅游者和投资者的积极性。因此中国需加强与缅甸的安全合作，创造性地介入缅甸的“民地武”问题，与缅甸开展边境安全对话与合作，协助缅甸进行安全建设。

（二）中国与缅甸旅游外交关系的发展前景

尽管当前中缅旅游外交发展面临着上述诸多阻碍，但总体发展前景广阔。首先，中缅开展旅游外交具有良好的市场前景。中缅两国的旅游业均处于快速增长阶段，两国出入境旅游市场规模在不断扩大，两国旅游外交

① 董莅:《缅甸经济发展问题简析及滇缅区域合作展望》，载《东南亚纵横》，2016年第5期，第57—60页。

的发展前景较为广阔。一方面，中国出境客源市场和消费市场巨大，且当前约2/3的中国出境游客以周边亚洲国家为主要的旅游目的地。缅甸市场刚培育，目前其接待的中国游客量远不及泰国等相对成熟的市场，随着缅甸开放程度的提高、旅游环境的改善、旅游营销的扩大以及中缅互联互通的不断增强，旅游资源丰富的缅甸有望跻身于中国出境旅游的新兴热门市场行列。另一方面，随着缅甸经济的发展，缅甸居民的旅游需求也开始增长。其次，中缅发展旅游外交具有良好的政策机遇。当前缅甸高度重视国内旅游业的发展，中国方面也积极推进边境旅游的发展。从更大的背景来看，“一带一路”倡议为两国旅游外交的发展带来了历史性机遇。首先，“一带一路”和中缅经济走廊的建设为两国间资金、信息和旅游人口的自由流动创造了良好的政策环境。其次，“一带一路”倡议为两国的旅游外交提供了金融支持。亚洲基础设施投资银行及丝路基金为缅甸的基础设施建设提供了资金支持，促进了中缅间的互联互通，为两国旅游外交奠定了基础设施方面的基础，将极大提升两国旅游交往便利化程度，节省旅游交易成本。

中国对越南旅游外交战略研究

杨 娟[①]

摘要：中越两国历史渊源深厚，自建交以来，两国高层保持频繁接触，在各领域进行友好交往与合作。近几年中国赴越南游客数量快速增长，成为越南旅游市场的最大客源地，中越旅游交流发展进一步深化了两国间的睦邻友好关系，也进一步充实了中越全面战略合作伙伴关系内涵。当前，我国提出要实施旅游外交战略并开展“一带一路”国际旅游合作，为中越两国进一步深化旅游合作、建立旅游外交关系提供了新契机。东南亚国家在我国周边外交中占首要地位，而越南作为东南亚国家联盟的重要成员国，在东盟中地位举足轻重，因此两国建立旅游外交关系意义重大。本文从中越两国的实际情况出发，具体提出旅游外交战略构想，并对两国将来的旅游外交关系进行展望，希望能对中国与其他国家旅游外交起到借鉴作用。

关键词：越南；旅游外交；一带一路

---

① 杨娟，中央民族大学管理学院旅游管理专业硕士研究生，研究方向为旅游外交、国际旅游合作。

The Belt and Road Initiative Tourism Diplomacy ASEAN Volume - Vietnam

YANG Juan

Abstract: Both China and Vietnam have a long history. Since the establishment of diplomatic ties, the two countries have maintained frequent contacts and conducted friendly exchanges and cooperation in various fields. In recent years, the number of Chinese tourists visiting Vietnam has grown rapidly and has become the largest source of tourists in the Vietnamese tourism market. The development of Sino-Vietnamese tourism exchange has further deepened the friendly relations between the two neighbor countries and enriched the connotation of China-Vietnam comprehensive strategic partnership. At present, China proposes to implement the tourism diplomacy strategy and carry out the "Belt and Road" international tourism cooperation, providing a new opportunity for China and Vietnam to further deepen tourism cooperation and establish tourism diplomatic relations. Southeast Asian countries occupy the primacy of China's neighboring diplomacy, and Vietnam, as an important member of the Association of Southeast Asian Nations, plays an important role in ASEAN and plays an increasingly important role. Therefore, it is of great significance for the two countries to establish tourism and diplomatic relations. Based on the actual situation of China and Vietnam, this paper puts forward the strategic concept of tourism diplomacy and brings out a vision the future tourism diplomatic relations between the two countries. It hopes to play a reference role in the development of tourism diplomacy between China and other countries.

Key words: Vietnam; Tourism diplomacy; The Belt and Road Initiative

越南是东南亚国家联盟的重要成员国。自1986年进行革新开放以来，在经济、社会、政治、外交等方面都取得了巨大的成就，特别是在1995年加入东盟以后，越南从东盟获得政治、外交安全和经济等方面诸多利益的同时，逐渐在东盟中占据重要地位并发挥着越来越重要的作用，越南已经成为东盟国家中极具活力和潜力的国家。处理好对越的外交关系对中国实现睦邻战略极其重要。

中越两国历史渊源深厚，自1950年1月18日建交以来，两国高层保持频繁接触，在各领域进行友好交往与合作。近几年中国赴越南游客数量快速增长，成为越南最大客源地，因此中越两国进行旅游外交有利于进一步深化“长期稳定、面向未来、睦邻友好、全面合作”的16字方针，也有利于中越全面战略合作伙伴关系内涵进一步充实。

在中国将“旅游”与“外交”相互联系由来已久。最初我国的旅游业就属于外交接待行业，1978 年市场化改革后分设出来，开启了发展新历程。早在2003年7月14日，国家旅游局在向江泽民主席汇报工作时，明确提到旅游业“在政治、外交方面的作用”①问题。然而，“旅游外交”这一概念的正式提出是在2015年全国旅游工作会议上。2016年12月7日国务院发布的《“十三五”旅游业发展规划》提出：“要实施旅游外交战略，开展‘一带一路’国际旅游合作，拓展与重点国家旅游交流，创新完善旅游合作机制。”②至此，“旅游外交”正式上升为国家战略。在国家整体外交工作部署中，旅游外交所占分量日益加重，然而在国内，学术方面有关于“旅游外交”的研究却相对较少。早期在少数关于“旅游外交”的学术研究成果中较具有

① 国家旅游局向江泽民主席汇报的材料：《实践“三个代表”重要思想 发挥旅游业在国民经济和社会发展中的重要作用》，2003 年 7 月 14 日。

② 国务院：《“十三五”旅游业发展规划》，2016年12月7日。

代表性的有《回忆“文革”时期的旅游外交》[①]、《旅游外交：我国旅游产业发展新取向》[②]和《旅游外交与中国和平发展》[③]。近几年研究成果大都偏向于将旅游外交与经济相联系，例如《论旅游经济对外交的影响力》[④]、《以旅游外交助力中巴经济走廊的心理认同》[⑤]等。

虽然关于旅游外交的研究成果相继涌现，但总体而言仍处于初级阶段；尤其是将旅游外交具体到某一国家的研究数量不足。因此本文把旅游外交落实到越南，从中越两国的实际情况出发，具体提出中国与越南之间的战略构想，并对两国将来的旅游外交关系进行展望，以望能对中国与其他国家旅游外交发展起到借鉴作用。

一、越南的外交环境特点

纵观从二战结束至今越南外交政策的不断调整与变化，加之对在这段时期内越南外交活动的梳理，现将越南外交特点总结为以下几点：

（一）外交与大国“形影不离”

东南亚是联结澳大利亚、新西兰与印度洋以及远东及欧洲、印度洋与太平洋的纽带，是亚太各大国利益与战略的交汇点，而越南处于东南亚腹地，被称为东南亚的心脏，扼太平洋、印度洋海上交通要冲，具有十分重

---

① 杨公素：《回忆“文革”时期的旅游外交》，载《国际政治研究》，1994 年第 3 期，第 50 — 55 页。

② 梅毅：《旅游外交：我国旅游产业发展新取向》，载《南昌大学学报（人文社会科学版）》，2006年第5期，第45 — 50页。

③ 梅毅：《旅游外交与中国和平发展》，武汉大学博士学位论文，2006 年。

④ 夏雪：《论旅游经济对外交的影响力》，载《当代经济》，2016 年第18期，第109 — 110页。

⑤ 胡敏、曹兹纲、王杰：《以旅游外交助力中巴经济走廊的心理认同》，载《新疆社会科学》，2016 年第6 期，第79 — 82页。

要的战略地位。[①]因此越南一直是大国进行博弈的竞技之地，也正因如此，越南在制定外交政策的时候也不得不将大国的因素置入其中，使得越南的外交一直以来与大国“形影不离”。

19世纪40年代到90年代初期，越南正处于内忧外患的局面，国内经济、军事等落后于大国，国家综合实力弱，但是又要抵御各大国的侵略，因此这段时期越南外交的特点是依靠一或两个大国以应对其他大国。但在两极格局结束后，越南开始调整与大国的这种外交政策，不再将外交的重点只放在一两个大国上，也不再与某一个大国交恶，而是实施全方位独立自主的外交政策，重新寻找在大国间的位置，并且开始实施大国平衡的外交战略，以寻求机会拓展外交空间以维护国家利益。至今越南与大国间的外交关系逐渐走向平衡发展，显示出“平衡而非平均、内容不同、目标各异”[②]的大国平衡外交特点。

（二）周边外交持续加强

革新开放以来，越南越来越重视周边外交，周边外交持续加强也成为了越南外交的特点之一。在苏联解体之后，越南失去外部依托力量，开始改变原有的外交政策。越南在1995年正式加入东盟后，借助东盟的力量使得自己在外交上获取更大的空间和主动权，积极拓展自己的多边外交。[③]在20世纪90年代越南四次调整外交战略和外交政策，都把“创造稳定的周边环境”作为对外政策的首要目标，强调“优先发展与邻国和周边国家的关系”，并通过与中国关系正常化、加入东盟、建立新印支关系等措施，以

① 沈志雄：《试论越南外交中的地缘政治因素》，载《东南亚研究》，2001年第6期，第24—28页。

② 岳平：《越南大国平衡外交呈现新特点》，载《世界知识》，2017年第13期，第34—35页。

③ 李汉杰：《越南南北统一以来外交走向与中国的应对研究》，南昌大学硕士学位论文，2015年。

改善和稳定周边环境。[①]越南周边外交走向，一是继续加强与老挝、柬埔寨传统友好关系，二是充分利用“一河一海”，加强东盟内合作。

（三）经济外交逐渐占据重要地位

经济外交在越南的外交战略处于重要地位，也是越南推进革新开放的重要支柱之一。越南的经济外交始于革新开放，随着革新开放的深入，其地位不断上升，逐渐从边缘进入核心。[②]在越南实行经济外交以来，与众多国家、地区以及国际组织建立了经济外交关系，不仅有力推动了国内经济的发展，而且也维护了国家外交政治环境的稳定。

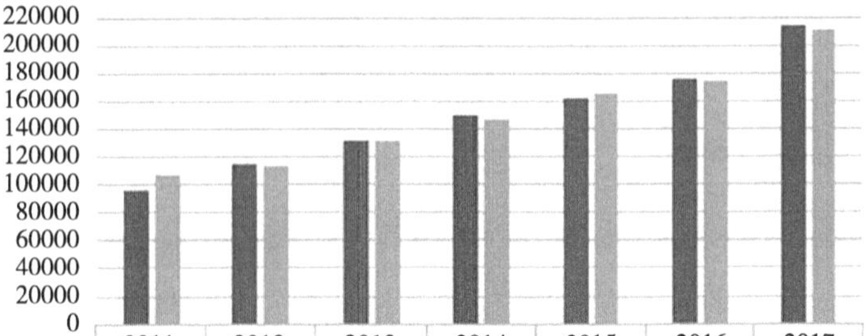

	2011	2012	2013	2014	2015	2016	2017
■出口贸易额	96905	114529	132032	150217	162439	176630	214020
■进口贸易额	106749	113780	132032	147849	165650	174110	211100

图 1　2011—2017 年越南进出口贸易额增长图（单位：100 万美金）

截至2015年，越南和世界上150多个国家和地区形成贸易关系。对外贸易保持高速增长，对拉动越南经济发展起到了重要作用。因此，作为推动经济发展重要助力的外交领域，实施经济外交，积极争取援助资金、吸引外国投资和先进技术也就逐渐成为对外政策的主要内容，在越南外交中

① 沈志雄：《试论越南外交中的地缘政治因素》，载《东南亚研究》，2001年第6期，第24—28页。

② 常飞：《革新开放以来越南的经济外交研究》，云南大学硕士研究生论文，2013年。

日益占据重要的位置，这也成为越南外交的一个突出特点。

二、中国与越南关系的发展

（一）两国关系发展简要回顾

中越两国山水相邻，具有深厚的历史渊源。回顾两国关系的发展，两国的关系自建交以来大概可分为3个时期，分别为友好时期、对峙时期以及正常化时期。

友好时期指的是20世纪50—70年代中期。在此期间，中国政府和人民全力支持越南抗法、抗美斗争，越南视中国为坚强后盾，两国在政治、军事、经济等领域进行了广泛的合作，达到了“同志加兄弟”的高度友好关系。对峙时期指的是20世纪70年代后期到80年代末，这段时期由于中苏关系恶化、中美关系取得新的进展，中越关系开始由好转坏并一再恶化，越南在苏联的指使下对中国采取对抗的外交战略，中国一再忍让后对越南的挑衅进行自卫反击。正常化时期主要指从20世纪90年代初以来至今。在两极格局末期，和平与发展成为国际社会发展的主流，中越关系解冻也随之而来。1990年两国领导人进行十几年以来的首次会晤，1991年11月双方宣布结束过去，开辟未来，两国关系实现正常化。

自中越两国关系正常化以来，两党两国关系全面恢复并深入发展。两国领导人保持频繁互访和接触，双方在各领域的友好交往与互利合作不断加强。[①]但是也并非全部一帆风顺。南海问题是中越关系进一步发展的阻碍。由于中国南海重要的战略地位，越南等周边国家对中国南海露出水面的岛礁以及海域进行侵占，并提出所谓“主权”，要求分割海域。2014年

① 中国外交部官网:《越南国家概况》，http://www.fmprc.gov.cn/web/gjhdq_676201/gj_676203/yz_676205/1206_677292/1206x0_677294/，2018-7。

中越两国在南海问题上再起争端。南海问题在越南外交中的地位越来越重要，无疑对中越双方外交关系的走向也发挥着越来越大的作用。因此，在1991年中越关系正常化至今，友好合作是中越两国关系的主流，但也不乏一些不利因素对两国的关系造成影响。

（二）两国多种形式的合作关系

1. 国家高层互访，全面合作

自中越关系正常化以来，两国高层保持频繁互访和接触，双方在各领域的友好交往与互利合作不断加强。1999年初，两党总书记确定了新世纪两国“长期稳定、面向未来、睦邻友好、全面合作”的关系框架。2002年2月27日至3月1日，中共中央总书记、国家主席江泽民对越南进行正式友好访问，双方就加强新世纪两党两国关系深入交换意见并达成重要共识，并签署了《中越两国政府经济技术合作协定》和《中越两国政府关于中国向越南提供优惠贷款的框架协议》。从2004年到2008年，两国高层均有访问活动，并且都发表了《联合公报》。

据统计，1991年到2016年底短短的25年来，中越两国领导互访的次数多达61次，其中中国国家领导访问越南23次，越南国家领导访问中国38次。这样高频的互访，不断推动着中越两国全面合作关系进一步发展。

2. 双边经贸关系和经济技术合作

经贸合作一直是中越关系的一个重要组成部分，与中国的贸易来往一直在越南的对外贸易中处于领先地位，截至2017年，中国已经连续13年是越南最大的贸易合作伙伴。①

经贸合作的另一个重要方面就是投资，截至2016年10月，中方对越直接投资存量38.5亿美元。中国对越南的投资长期在对越投资国中处于第

① 数据来源：中华人民共和国国家统计局官网：http://www.stats.gov.cn/，查阅日期：2017年8月11日。

九、第十位。随着两国关系进一步稳定发展，近两年来在越南投资的38个国家和地区中，中国的投资增额已经排名前三。作为加强两国关系的重要纽带，经贸合作对促进两国务实合作起了很大作用。

3. 其他领域交往与合作

中越关系正常化以来，两国在文化、科技、教育和军事等领域的交流与合作不断向广度和深度发展，党、政、军、群众团体和地方省市交往日趋活跃。

双方开展了社会主义理论研讨会和青少年交流活动。两国空运、海运、铁路等均已开通。交通方面，目前（2017年）中国公司正在河内建越南的第一条城市轻轨。该项目使用了中国的“两优”贷款，完全使用中国的技术、资金和装备。[①]2006年11月，双方成立中越双边合作指导委员会，有利于加强对中越各领域合作的宏观指导、统筹规划和全面推进，协调解决合作中出现的问题，将为两国睦邻友好与全面合作关系长期、稳定、健康、持续发展发挥重要作用。在接下来的2008年至2016年中，双方共同主持双边合作指导委员会第二至第九次会议。

三、中国对越南旅游外交战略构想

（一）战略意义

1. 经济意义

旅游产业对经济发展所起的作用不言而喻。旅游业的关联性极大，两国旅游业的发展在极大程度上会带动国民经济其他产业的共同发展。首先，旅游业的发展能够为工业、农业、建筑业等行业提供巨大的市场，并

① 中国网：《“一带一路”框架下中越两国合作空间巨大 —— 访中国驻越南大使洪小勇》，http://t.m.china.com.cn/convert/c_xwELVN.html，2017-5-11。

且还可以带动交通运输业、邮电通信业、文化娱乐业等行业的发展。除此之外，旅游在扶贫中也发挥着作用。我国与越南接壤的广西、云南等地区，旅游资源丰富但经济欠发达，因此两国建立旅游外交关系，有利于以旅游为突破口带动我国西南边陲欠发达地区经济的发展，扩大就业，提高经济收入。

通过地区旅游合作，我国不仅可以通过入境旅游赚取外汇，而且可以通过出境旅游向旅游目的地国家和地区输出外汇，在一定程度上平衡外汇收支，减少国际贸易摩擦。[①]在中越建交以来，经贸关系一直是中越关系的一个重要组成部分，中越间的贸易一直在越南的对外贸易中处于领先地位，中国长期以来都是越南最大的贸易合作伙伴。但是由于两国处于不同的发展阶段，市场需求有差异，导致两国间的贸易不平衡，越南在与中国贸易合作中长期处于逆差状态。但是近几年以来，中国逐步开放了中国游客赴越南旅行，向越南输出外汇，已经在一定程度上减少了越南对华贸易的逆差，中越之间贸易不平衡的情况逐渐得到缓解，很大程度上减少了两国的贸易摩擦。

2. 政治意义

旅游对政治发挥着特殊的影响。随着全球旅游业的强劲发展，旅游越来越被作为一种政治手段而影响国家之间的关系，进而影响一个国家的政治。目前我国作为世界第二大经济体，是一个巨大的旅游客源输出市场以及旅游目的地，因此中国更加重视旅游对政治产生的影响。处理好与越南之间的旅游外交关系，对中国的政治有着重要的战略意义。

首先，中越两国建立旅游外交关系有利于两国进一步加强和平友好的睦邻关系。中越两国自20世纪90年代外交关系正常化以来，一直努力朝着友好合作的方向发展。如今，两国在旅游方面的合作往来越发频繁密

① 罗文标:《中越旅游合作的现状和前景》，暨南大学硕士学位论文，2009年。

切，为中越关系更上一层楼打下坚实的基础。回顾中越两国20余年来的旅游合作，就是在政治关系不断改善发展的大环境下逐步开展的。旅游合作发展到一定阶段形成了一股力量反作用于政治，[①]因此中国与越南建立旅游外交的关系，这种旅游合作的力量能够不断作用于政治，进一步推动两国政治关系的良好发展。

其次，与越南建立外交关系有利于我国周边环境的稳定，有利于国家安全。“从政治层面上看，地区旅游合作是政治安全合作的延伸和外部表现，选择某一国家作为出境旅游目的地这一行为本身，就代表了重要的友善和主动示好的政治安全信号，将有利于改善周边地区的安全态势。”[②]中国与越南两国相互开放为对方旅游目的地，代表着两国之间是信任与友善的。中国与越南建立旅游外交关系，有利于促进“睦邻、安邻、富邻”的周边政策有效落实，为我国创造一个稳定的周边环境。而且，越南作为东盟重要的成员国，中国与其建立友好的旅游外交关系，能够对其他东盟成员国起到示范作用，进一步推动中国与其他东盟成员国建立旅游外交关系，维护中国与东盟国家的和平关系，进而为双方创造一个更加稳定、安全的周边环境。

最后，与越南建立旅游外交关系，有利于改善国家形象，为展现国家风采提供平台。在过去，中越关系经历过低潮期，因此中越两国的民众双方之间仍然存在一定的心理障碍与误解。加之，在目前国内媒体对越南相关情况的报道十分稀少，国内许多民众对越南缺乏客观深入的了解，反之亦然，越南民众对中国同样如此。因此，中越两国建立旅游外交关系，能够进一步促进中越两国民众的旅游来往，通过旅游进行深入、全方位的相

① 罗文标:《中越旅游合作的现状和前景》，暨南大学硕士学位论文，2009年。

② 舒伯阳、余日季:《国家战略视野中的亚太区域旅游合作》，载《当代亚太》，2005年第10期，第23—27页。

互了解，在直接接触中去消除误会，化解隔阂，在此基础上，进一步展现大国风采，提升国家形象。

（二）实施途径

1. 两国政府深化交流，完善相关政策

两国政治关系的稳定是两国开展旅游外交的基础，两国在建立旅游外交关系的过程中首先要维护两国的政治关系，两国政府应当保持当前交流合作的状态，并且尽可能的进一步深化双边的交流与沟通，共同协商并且逐步完善两国旅游外交的相关政策，明确双方旅游合作的方向，制定双方合作的具体计划，进一步推进两国旅游市场管理机制的建设，做到共同应对风险、承担责任，以保证两国的旅游合作健康、安全发展，为两国开展旅游外交打下良好基础。

在中国方面，尤其应当重视深化发展战略对接。中国政府应进一步加强“一带一路”倡议同东盟发展战略对接，特别是与《东盟互联互通总体规划2025》的对接，加强我国“一带一路”倡议与中越“两廊一圈”战略的联系，推动更多合作项目落地，有力有序促进互联互通合作，为两国建立旅游外交关系注入强劲动力。

2. 解决旅游管理安全问题

旅游发展在带来众多益处之余，也会产生弊端，例如环境问题、安全问题等。安全是旅游业发展的基础，是旅游活动能够顺利进行的保障，也是旅游产业能够健康发展的前提，只有处理好复杂的旅游管理安全问题，中越两国才能够建立和平稳定的旅游外交关系。

中越边境地理环境具有复杂性，中越边境以及湄公河流域长期存在跨境走私、制毒、贩毒等诸多违法现象，安全隐患较大。“两圈一廊”旅游合作以及“一带一路”旅游合作的开展，能够有力促进双方旅游外交关系的建立，但是随着人流与物流的增加，可能同时也意味着为跨境走私、贩毒、卖淫、赌博等违法活动提供温床。为杜绝旅游安全事故的发生，中越双方应注意旅游安全管理问题，根据已达成的双边条约和共同缔结、参加的协定或国际公约等，合作打击各种违法犯罪活动，并建立突发事件（如地震、海啸、恐怖活动和大面积疫情等）应对机制，以保证游客的安全。

3. 建立旅游合作城市

建立旅游合作城市是加快发展中越跨境旅游合作的有效途径之一。与越南接壤的广西省以及云南省与越南边境地区有着良好的旅游合作基础。

在2017年3月，广西政府发布了《关于进一步促进全区旅游投资和消费的实施方案》，以促进广西省与越南旅游合作的开展。广西还制定了《崇左市边境旅游实验区实施方案》，计划以中越德天 — 板约等国际旅游合作区为载体，打造中越边境旅游经济共同体。此外，越南广宁省还加快了从芒街到海防的高速公路、云屯国际机场的建设，并投资兴建了众多大型娱乐场所，以此推动跨境旅游合作及品质不断升级。①广西省与越南广泛的旅游合作以及众多合作协议的签署为广西地区与越南建立旅游合作城市提供了良好的基础。

从两千多年前的“南方丝绸之路”到稍晚出现的“茶马古道”，再到20世纪初的滇越铁路、滇缅公路，云南一直都是中国同南亚、东南亚国家和人民经济相通、文化交融的纽带。近年来，依托中国 — 南亚博览会等合作平台，云南同世界的联系日益紧密。特别是随着“一带一路”建设加速推进，云南作为“孟中印缅经济走廊”“中国 — 中南半岛经济走廊”的交汇地带，以及澜沧江 — 湄公河合作机制的重要参与省份，区位优势更加明显，正在朝着开放层次更高、开放领域更广、与亚洲和世界联系更密

① 杨陈:《中越跨境旅游合作不断深化》，载《国际商报》，2017年6月7日，第C01版。

切的方向大踏步前进。[①]因此，中国云南省与越南建立旅游友好城市是历史的必然，而双方旅游城市的建立也必然将进一步推动两国旅游合作，促进两国旅游外交关系的建立。

4. 政府与旅游企业之间加强合作

旅游产业关联性强，旅游合作具有综合性强、牵涉面广等特征，涉及方方面面、大大小小的复杂问题。因此两国成功建立旅游外交关系离不开多方面的支持与协作，政府与企业之间加强合作在很大程度上能够有效促进两国旅游合作的展开。

当前两国边境的旅游资源尚未得到充分开发利用，旅游线路存在单一、稀少等问题，不能满足广大游客的需求。因此，我国政府应当落实旅游业“走出去”战略，支持有条件的旅游企业统筹利用国内外市场，推动旅游业双向开放。政府与企业合作应当着重解决旅游路线、旅游宣传、旅游营销等几方面的问题。中越双方旅游部门和企业应加大工作力度，互相支持国内企业跨境投资，改善旅游接待设施，整合开发边境旅游资源、设计旅游线路、加大旅游宣传与旅游营销的力度，激起两国民众到对方国家旅游的兴趣，引起两国民众的旅游需求。

除此之外，由于越南与中国发展存在差距，我国政府应当制定并实施对越南的国家旅游援外计划，积极响应《“十三五”旅游业发展规划》所提出的“对‘一带一路’沿线国家、部分发展中国家和地区提供旅游投资、品牌、技术、管理、标准等援助”。

---

① 王毅:《开放的中国：魅力云南，世界共享》（王毅部长在外交部云南全球推介活动上的致辞），http://www.fmprc.gov.cn/，2017-2-20。

四、中国对越南旅游外交关系展望

（一）中越旅游外交关系的挑战

1. 南海问题

中越从20世纪90年代外交关系进入正常化以来，两国关系的发展都以和平友好为主旋律。两国在长期以来，一直坚持“长期稳定、面向未来、睦邻友好、全面合作”的16字方针，但是近几年中越关系也出现了一些摩擦，其中南海问题是制约中越关系友好发展的主要因素。

在目前最新签署的《中越联合公报》中关于南海问题，中越仍然继承2011年达成的《关于指导解决中越海上问题基本原则协议》，寄希望两国通过边界谈判机制来就海上纠纷进行对话与沟通。但是，从2017年越南的外交动态看，越南推行的大国平衡外交明显表现出希望美国与日本能够尽可能维护其在南海的既有利益。[①]由此看来，越南仍然不能正视南海问题。中越两国南海纷争是两国建立旅游外交关系所面临的一大挑战。

2. 越南经济因素

近几年越南经济发展良好，但其经济水平与中国相比仍存在较大的差距。越南境内企业生产能力还有待提高，还无法为国内消费者、企业和社会团体提供高质量的产品和服务。如果越南与中国建立旅游外交关系，越南在旅游接待方面仍存在极大的不足。

首先，越南的基础设施尚待进一步提高。目前越南的基础设施建设水平与中国的水平存在一定的差距。具体表现为交通落后，难以满足旅游运输需求；电力方面存在供电能力有限、电力设施陈旧、用电成本高等问题；除此之外，越南在通信方面也比较落后，无法达到旅游中对通讯的标准。

---

① 葛红亮：《越南“大国平衡”背后的弱势》，http://country.huanqiu.com/vietnam/people，2017-8-24。

其次，越南旅游行业也存在着从业人员素质低下、缺乏专业人才、服务能力尚需提高的问题。因此，越南本身国内经济因素所引发的诸多问题，也是中越建立旅游外交关系的挑战之一。

3. 两国旅游资源存在相似性

越南的诸多旅游资源与中国存在同质化问题。越南的自然旅游资源主要以喀斯特地貌景观以及海滩、海岛景观为主，但是中国也同样拥有漫长的海岸线，自然旅游资源丰富，不乏开发良好的景区。越南的喀斯特景观与中国的广西、云南等地区的喀斯特景观存在一定程度的同质问题；由于越南在古代长期以来隶属于中国或为藩属国，两国山水相连，且都是多民族国家，因此两国的文化具有一定程度的相似性，越南的很多景点建筑风格都与中国相似。加之，越南与中国相比旅游发展水平较为落后，而中国旅游业发展较越南成熟许多，基础设施、景区建设也在很大程度上优于越南，因此越南的旅游资源受中国冲击大，中国游客出游意愿较低。两国旅游资源的相似性引起的同质化竞争，在一定程度上束缚了两国民众的旅游来往，也给中越两国建立旅游外交关系带来阻碍。

（二）中越旅游外交关系发展前景

1. 两国旅游资源丰富、经济互补

中越要开展旅游外交，两国丰富的旅游资源是前提与基础。越南旅游资源较为丰富；而中国地域辽阔、文化灿烂，旅游资源同样丰富多样。

此外，两国经济发展阶段互补。现阶段中国进一步深化产业结构改革，正处于产能转移阶段，而越南正处于经济快速发展的阶段，正需要中国所拥有的充足的资金、丰富的管理经验以及先进的技术和装备，且越南有人口红利优势，市场潜力巨大。两国经济的互补性意味着两国具有巨大的合作空间和合作潜力，这其中就包括旅游合作。

2. 深厚的渊源

中越两国在早期结下“同志加兄弟”的深厚友谊，两国邦交正常至今，和平往来、友好合作一直都是两国交往的主旋律。山水相连的地理位置以及深厚的历史渊源使得两国在民族、文化、语言、宗教信仰等各方面都存在相似性，同时两国在意识形态上又都是多民族的社会主义国家，因此诸多相似性为发展两国关系奠定了基础。

自建交以来，两国积极展开多面、多样、多领域的合作。在旅游合作方面双方签署了多项双边合作的协定，如中越双方在1994年签订了旅游协议；2015 年 4 月双方签署《中越联合公报》，声明：扩大双方新闻、文化、教育、旅游等各领域及两国地方间的友好交流与合作 …… 总之，在历史文化、旅游合作方面，中越双方有着深厚的历史渊源以及良好的合作基础。

3. 良好的机遇

当今世上，旅游业已成为许多国家经济部门的主导力量，对经济社会发展做出了重要贡献，世界各国愈发重视旅游产业的发展。

一方面，2016年越南高层领导换届后，越南对华交往呈现出近年来前所未有的踊跃局面，政府也十分重视发展旅游，在2017年初召开的政府工作会议上也明确指出要与其他国家加强旅游交流与合作，增强国家间的旅游互助。另一方面，中国在《“十三五”旅游业发展规划》中提出旅游外交的概念，提出要开展“一带一路”旅游合作，拓展与重点国家之间的旅游交流，创新并完善旅游合作机制，大力提振入境旅游。这样和平友好的政治环境以及政策环境为中越两国建立旅游外交关系带来新的机遇。

中国对泰国旅游外交的战略思想与路径选择

杨　婧[①]

摘要：泰国作为“一带一路”沿线的主要国家，在我国外交战略中拥有举足轻重的地位。积极地与泰国开展旅游外交，是实现我国整体外交战略的重要支点。文章首先总结回顾泰国外交的特点、中泰两国外交关系发展历程，然后着重分析泰国旅游发展现状及中泰旅游外交的战略意义，最后提出中泰旅游外交应遵循的战略定位、政策理念及具体的实施路径。尽管中泰旅游外交面临多种因素的挑战，但基于两国多年来建立的深厚外交关系，借助于我国“一带一路”倡议，两国旅游外交关系发展前景广阔。

关键词：泰国；一带一路；旅游外交

① 杨婧，中央民族大学旅游管理专业，研究方向为国际旅游合作。

China’s Strategic Thinking and Route Choice on Thailand’s Tourism Diplomacy

YANG Jing

Abstract: As a major country in The Belt and Road Initiative, Thailand plays an important role in China's diplomatic strategy. Actively carrying out tourism diplomacy with Thailand is an important fulcrum for realizing China's overall diplomatic strategy. This paper first summarizes the characteristics of Thai diplomacy and the development of sino-thai diplomatic relations, then focuses on analyzing the current situation of Thai tourism development and the strategic significance of actively carrying out tourism diplomacy with Thailand, and finally puts forward the strategic positioning, policy and specific path that should be followed in the implementation of China's tourism diplomacy with Thailand. Although the tourism diplomacy between China and Thailand faces challenges from external and internal factors, the profound diplomatic relations established by the two countries over the years and with the help of China's "The Belt and Road Initiative", the development of tourism diplomatic relations between the two countries have a broad prospect.

Key words: Thailand; The Belt and Road Initiative; Tourism diplomacy

2013年，国家主席习近平在出访中亚和东南亚国家期间，先后提出共建“一带一路”倡议，此倡议不仅成为我国深化改革开放的重要路径，也是我国海洋强国建设和构建和平外交的重要部分。东盟作为我国第三大贸易伙伴和第四大出口目的地，以及海上丝绸之路的必经之地，是我国“一带一路”建设的重点和优先地区。[①]泰国为东盟创始国之一，在东盟国家中有着举足轻重的地位。与泰国保持良好稳定的外交关系，无疑对推进我国“一带一路”倡议实施有着积极作用，对我国与其他各国的外交合作也具有示范效应。[②]与此同时，泰国旅游资源丰富，中国与泰国间旅游交往极为频繁。自2012年起，我国已成为泰国最大旅游客源国。2017年，赴泰的中国游客达到近1000万人次，而2018年上半年已达600万人次，全年数量有望再创新高。[③]旅游具备带动当地经济发展的功能，中国与泰国的旅游外交关系对泰国国内经济良性发展也具有积极带动作用。例如，旅游发展有助于改善泰国中部发达而东北边境地区落后的区域经济发展不均衡结构等。

旅游外交作为促进国家外交的新型途径，早已显示出其独特优势。改革开放前，旅游就作为我国外交事务的组成部分，对促进国际交流起到积极作用。杨公素曾指出：“旅游外交是外交工作的一部分，是搞政治的。”[④]冯敏飞也认为旅游是国家开展对外经济、文化和技术交流的前提。[⑤]2006年后，旅游外交研究热潮再次兴起。梅毅探究了我国旅游外交形成的历史背景和发展的进程，全面分析了我国旅游外交对和平发展的意义和作用，并对我国旅游外交的发展提出了多方面的建议。[⑥]此后，梅毅又提出“我

① 孙治国：《“一带一路”公共外交报告（2016）》，海洋出版社，2016年，第234页。

② 庄国土、张禹东：《泰国蓝皮书：泰国研究报告（2016）》，社会科学文献出版社，2016年，第225页。

③ 中国网：《泰全面升级安全措施　中国游客赴泰可享特殊待遇》，http://travel.china.com.cn/txt/2018-08/30/content_61085374.htm，2018-8-30。

④ 杨公素：《回忆“文革”时期的旅游外交》，载《国际政治研究》，1994年第3期，第50—55页。

⑤ 冯敏飞：《以旅游业开山门》，载《开放潮》，1995年第4期，第47—48页。

⑥ 梅毅：《旅游外交与中国和平发展》，武汉大学博士学位论文，2006年。

国旅游产业发展出现了走向旅游外交的总体态势”，并对“客源外交”[①]战略进行了论述。2015年，明确提出了“旅游外交”的概念。而后2017年，国务院发布《“十三五”旅游业发展规划》，提出实施旅游外交战略，推动旅游外交上升为国家战略，由此赋予了我国旅游业发展更高的战略要求和新的历史使命。[②]近几年来，虽然旅游外交在实践上已成为我国外交工作的重要组成部分，但理论研究层面尚显滞后，仍处在初级阶段。

本文首先总结回顾泰国外交的特点、中泰两国外交关系发展历程，然后着重分析泰国旅游发展现状及积极与泰国开展旅游外交的战略意义，同时指出我国开展对泰国的旅游外交工作所面临的内外部阻力，在此基础上对我国发展泰国旅游外交进行展望，以期能为我国开展对泰国以及其他国家的旅游外交工作提供借鉴。

一、泰国外交环境的特点

泰国重视与大国之间的外交关系，在与大国相处时始终贯彻大国平衡的外交政策，从而最大程度地维护国家利益。泰国的外交政策被学者称为“风中之竹”，在二战期间，泰国曾以灵活、巧妙的外交手段在列强间谋得生存并成功维护国家主权独立。[③]此外，泰国也积极发展与周边国家的友好关系，重视区域合作，始终奉行独立自主的外交政策。

泰国外交政策的特点与泰国内外部环境有很大的联系，主要体现在地缘政治的复杂性、佛教文化的深入性、区域经济发展的不平衡性、国内经济发

① 梅毅:《旅游外交：我国旅游产业发展新取向》，载《南昌大学学报（人文社会科学版）》，2006年第5期，第45—50页。

② 徐万佳:《旅游外交上升为国家战略》，载《中国旅游报》，2017年2月13日，第1版。

③ 周寒丽:《“风中之竹”的生存之道——简述二战期间泰国的外交政策》，载《思茅师范高等专科学校学报》，2008年第5期，第62页。

展的紧迫性几个方面，表现出泰国外交政策的灵活性、适应性及平衡性。

（一）地缘政治的复杂性

地缘政治学是“西方国家关于国家或地区的政治、军事活动制约于地理环境的一种学说，其基本观点是：国家的政治、军事尤其是对外政策是由地理因素决定的”[①]。泰国地理因素的复杂性对其外交政策的制定同样影响深远，泰国的地理因素包括地理位置和自然资源等方面。[②]地理位置方面，泰国位于中南半岛中南部，地处东南亚的腹心地带，与老挝、缅甸、柬埔寨和马来西亚接壤，与印度仅隔一个安达曼海，拥有通往印度洋和太平洋的出海口。虽然与我国没有直接接壤，但是北部清莱府与我国云南省距离较近。泰国重要的地理位置使其成为大国必争之地，也成为泰国“大国平衡”外交政策得以实现的重要原因之一。自然资源方面，泰国拥有丰富的矿产、生物以及水资源。矿产资源种类繁多，且储量丰富。其中，锡矿是泰国最重要的矿产，总储量高达150万吨，位居世界首位，占世界总储量的12%。森林资源方面，森林面积约为1440万公顷，植物种类多达30多万种，有很多为珍贵林木。河流湖泊众多，还盛产多种鱼类。[③]丰富的自然资源，给国家带来丰厚经济利益的同时，也容易招致外来势力掠夺。

（二）佛教文化的深入性

庄国土教授曾提出：“宗教是决定东南亚国家制度模式、社会结构和对外关系的主要因素之一。”佛教为泰国国教，95%以上的泰国民众信奉佛教，佛教对泰国政治、社会生活、历史和文化都产生了深远的影响。在泰国，任何节日庆典、婚丧嫁娶、新店开张或楼宇落成等重要日子都会邀请

---

① 《中国军事百科全书》编审委员会：《中国军事百科全书·军事地理测绘气象》，军事科学出版社，1997年，第145页。

② 孙娅：《从地缘政治看中泰关系》，中共中央党校硕士学位论文，2014年，第15页。

③ 中华人民共和国驻泰王国大使馆经济商务参赞处：《泰国自然资源》，http://th.mofcom.gov.cn/aarticle/ddgk/zwdili/201202/20120207946707.html，2012-2-1。

僧人诵经，举行祭典。泰国佛教家庭中，凡信仰佛教的男丁，都要入住寺庙，削发为僧，研习佛教道理，无一例外。[①]佛教为泰国人塑造了道德礼教准则，影响了泰国人的性格、意识形态和价值观，使之形成崇尚宽容、安宁和爱好和平的精神风范，[②]进而影响了泰国的处事风格与对外原则，从而形成了“大国平衡”的外交政策。

（三）区域经济发展的不平衡性

由于气候、地形、生态和物产等条件的差异，泰国形成了北部、南部、中部和东北部四大经济区域。北部地区同时拥有林业、工业和旅游业资源，林业和旅游业为最主要的收入来源，经济发展相对平衡。泰国南部地区雨量丰富，土壤肥沃，是全国最重要的橡胶产品产地，锡矿丰富，是国家矿物质的重要产区。另外，南部地区拥有众多临海分布的岛屿，是享誉全球的旅游胜地。泰国中部地区素有“泰国粮仓”之称，是全国的经济、贸易中心，是泰国发展的中心区域，也是人口最稠密的地区。泰国东北部拥有全国最大的农业生产基地，但由于该区域干旱或洪涝灾害频发，使得该地区农作物产量较低。[③]随着时代的前进，泰国的产业结构发生了调整和升级。制造业比重在2010年达到峰值40.76%后有所下降；农业比重呈逐年下降趋势；服务业比重则呈逐年增长趋势，尤其旅游业成为泰国重要的创汇产业。[④]产业结构的调整，也加剧了区域经济的不均衡发展，不仅影响泰国经济的可持续发展，更会影响泰国社会稳定和经济发展危机，进而影响泰国的外交战略。泰国“外交平衡”的战略，使得泰国不仅在中、

① 泰国驻中国商务联络中心:《泰国的历史文化与人口社会》，http://www.thai-ch.com/Culture/Culture_detail.aspx?id=85，2017-8-28。

② 陈铁军:《泰国　迅速崛起中的微笑国度》，载《今日民族》，2012年第4期，第28页。

③ 李琳:《泰国国内贫困及收入差距问题研究》，华南理工大学硕士学位论文，2012年，第12页。

④ 数据来源：ASEAN Statistical Yearbook 2015，https://data.aseanstats.org/，2017-8-28。

美、日、俄、印等大国间维持双边关系平衡，而且与中南半岛国家以及区域的东盟国家保持平衡关系。而中泰两国在“一带一路”背景下的战略合作，有助于联通泰国各区域，促进各区域协同发展，最终可能会使得泰国“大国平衡”的外交政策发生倾斜。①

（四）国内经济发展的紧迫性

泰国现为发展中国家，实行自由经济政策，属外向型经济，依赖美、日、中等外部市场。2016年国内生产总值为4117亿美元，较上年增长2.58%。近年来，在泰国国内政局更迭频繁以及全球经济增长放缓的背景下，泰国经济总体增长态势放缓并出现起伏波动。主要表现在以下几个方面：

1. 国内生产总值增长幅度放缓

2009 — 2017年泰国国内生产总值变化情况见图1。

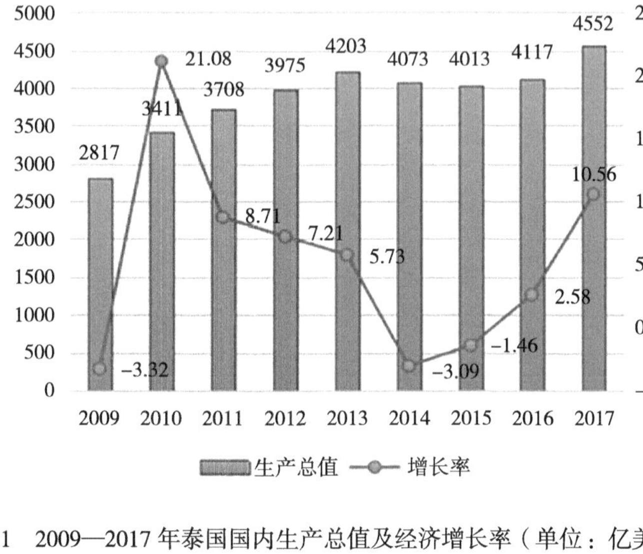

图1 2009—2017年泰国国内生产总值及经济增长率（单位：亿美元），数据来源：世界银行网站（https: //data.worldbank.org.cn）

① 周方冶:《“一带一路”建设与中泰战略合作：机遇、挑战与建议》，载《南洋问题研究》，2016年第4期，第69 — 70页。

2. 货物和服务出口增长速度放缓

2010—2016年泰国货物和服务出口情况见图2。

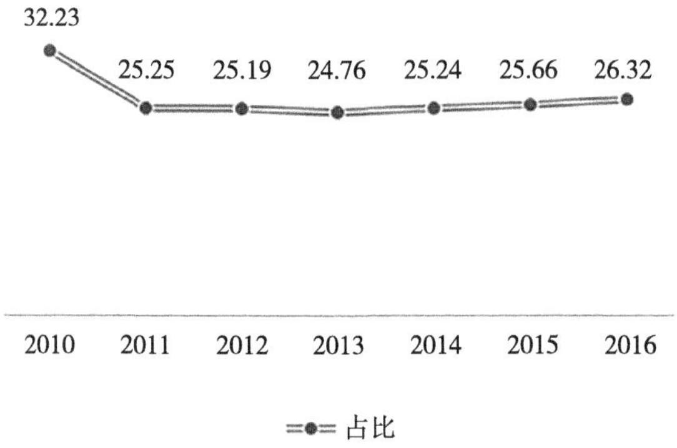

图2 2010—2016年泰国货物和服务出口（占GDP的百分比），
数据来源：世界银行网站（http://databank.shihang.org）

3. 外国直接投资减少

2010—2017年外国直接投资情况见图3。

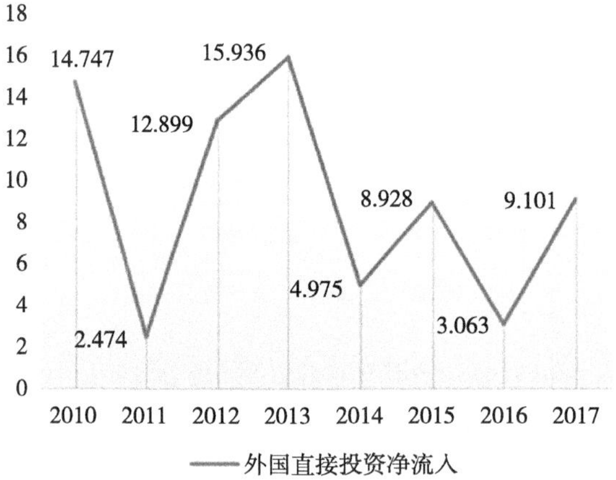

图3 2010—2017年外国直接投资净额（单位：十亿美元），
数据来源：世界银行网站（http://databank.shihang.org）

在过去的几年中，受制于国内政局持续动荡、全球经济增长放缓以及泰国国王普密蓬去世等诸多不利因素，泰国民间消费和投资也在国内消费中持续低迷，经济增长缓慢。泰国格外重视经济外交，发起并推动亚洲合作对话（ACD）机制，积极参加亚太经济合作组织（APEC）、亚欧会议（ASEM）、世界贸易组织（WTO）、东盟地区论坛（ARF）和博鳌亚洲论坛（BFA）等国际组织活动。①

二、中泰两国关系的发展

泰国自古以来便是我国的友邻之邦，地缘相近、文化相亲。自1975年建交以来，政治关系稳定，两国人民友好往来，已签署了涵盖政治、经济、科技、教育、卫生、旅游等各领域的双边文件。

（一）中泰两国关系发展的简要回顾

1. 早期商贸往来（1869年以前）

大量史料记载，我国与泰国往来最早可追溯到汉代。宋代时，泰国就曾有使臣和商人前来我国。②进入明代后，明太祖朱元璋在立国之初就将暹罗（泰国旧称）列为不征之国，派遣使者访问暹罗。③在清代，依旧互通往来。在所有外国朝贡使团中，清朝对暹罗使团格外优待，享有贸易免税的特权。④

---

① 中华人民共和国驻泰王国大使馆:《泰王国概览》，http://www.chinaembassy.or.th/chn/ztgx/ljtg/，2017-8-28。

② 赵彦卫:《云麓漫钞》卷五，载《丛书集成初编》，中华书局，1991年，第152页。

③ 张仲木:《中古泰中经贸中华侨华人的角色》，载张仲木等编《泰中研究》第一辑，华侨崇圣大学泰中研究中心，2003年，第31页。

④《清高宗实录》卷1022，中华书局，1985年，第17—18页。

2. 曲折发展时期（1869—1975 年）

1869年，暹罗曼谷王朝拉玛五世派遣使臣来华，要求“废贡献之礼，以后赠献用授受式，与西洋各国同”[①]。随后，中断与清政府的朝贡关系。二战期间，泰国对外奉行亲日政策，打击泰国华侨及其抗日活动，两国关系跌至冰点。1946年1月，国民党政府与泰国签订《中泰友好条约》，正式建立外交，两国关系开始缓和。但1948年，泰国再次实行排华政策。中华人民共和国成立后，泰国拒不承认新政府。1954年后，中泰关系有所改善。但1957年后，泰国再次亲美反华，双方关系陷入僵局。1972年，随着中美、中日的相继建交以及我国国际地位的提升，两国关系恢复正常。[②]

3. 稳定发展时期（1975 年至今）

1975年7月1日，两国共同签署了《中泰建交联合公报》，双方正式建交。随后两国高层密切往来，双边关系不断深入。1997年，亚洲金融危机使泰国经济受到严重打击，我国通过国际货币基金组织（IMF）施予援手，帮助其度过危机。[③]1999年2月，两国签署《中泰关于二十一世纪合作计划的联合声明》，“进一步拓展双方之间睦邻互信的全方位合作关系”。政治关系的稳定发展以及政治互信的增强，推动了两国双边经济贸易的发展。2012年，中泰两国建立全面战略合作关系。[④]2013年，国家主席习近平提出共同建设“21世纪海上丝绸之路”的重大倡议，得到了泰国的积极响应。

① 黄鸿寿:《清史纪事本末》（下），三民书局，1973年，第448页。

② 庄国土、张禹东:《泰国蓝皮书：泰国研究报告（2016）》，社会科学文献出版社，2016年，第11 — 13页。

③ 朱振明:《中泰建交30年来中泰关系的发展及启示》，载《东南亚》，2005年第1期，第14页。

④ 滕成达、潘艳勤:《东盟研究（2014）》，世界知识出版社，2015年，第88 — 89页。

（二）中泰两国多种形式的合作关系

随着双边关系的不断深入，中泰两国之间的交流联系频繁，合作形式多样，包括政府间双边合作、多边合作论坛、民间交往等。中泰之间良好的合作关系，成为了不同社会制度国家之间友好合作的典范。

1. 政府间双边合作

中泰两国高层往来密切，注重加强并巩固每一个领域的合作关系。两国现已签署了涵盖政治、经济、科技、教育、卫生、旅游等各领域的双边文件，见表1，两国双边关系取得了长远的发展。

表1 1975年以来中泰两国签署的重要文件

政治领域	《中华人民共和国和泰王国关于建立外交关系的联合公报》（1975年7月）、《中华人民共和国和泰王国关于二十一世纪合作计划的联合声明》（1999年2月）、《中国与泰国联合公报》（2001年8月）、《中华人民共和国和泰王国关于建立全面战略合作伙伴关系的联合声明》（2012年4月）、《中泰关系发展远景规划》（2013年10月）、《中华人民共和国政府和泰王国政府联合新闻公报》（2014年12月）
经贸领域	《促进和保护投资协定》（1985年）、《避免双重征税和防止偷漏税协定》（1986年）、《贸易经济和技术合作谅解备忘录》（1997年）、《双边货币互换协议》（2011、2014年）、《扩大和深化双边经贸合作的协议》（2009年）、《经贸合作五年发展规划》（2012年）、《关于在泰国建立人民币清算安排的合作谅解备忘录》（2014年）
其他领域	《科技合作协定》（1978年）、《旅游合作协定》（1993年）、《引渡条约》（1993年）、《民商事司法协助和仲裁合作协定》（1994年）、《文化合作协定》（2001年）、《刑事司法协助条约》（2003年）、《关于相互承认高等教育学历和学位的协定》（2007年）、《教育合作协议》（2009年）

资料来源：中华人民共和国驻泰王国大使馆（http://www.chinaembassy.or.th）

2. 多边合作论坛

两国之间多边合作论坛有助于两国更好地解决实际问题，更好地合作发展，造福两国人民。2015年7月17日，在曼谷举办主题为“人民币时代来临——如何巧妙利用人民币结算”的研讨会，探讨了“如何更有效地在中泰经贸合作中使用人民币，推动中泰经贸合作深入发展”。次月，中国—泰国商务论坛在曼谷举行，就“一带一路”倡议下中泰贸易、投资和经济合作面临的机遇与挑战展开了讨论。[①]此外，两国还在东亚峰会（EAS）、东盟与中日韩“10+3”会晤机制、亚欧会议、亚太经合组织领导人峰会、博鳌亚洲论坛（BFA）等背景下定期开展密切对话。[②]

3. 民间交往

两国人民相似的文化和价值观为中泰两国民间千年的友好往来奠定了基础。[③]在教育合作方面，泰国各中学将汉语作为必修课，且越来越多的泰国高校开设汉语专业。与此同时，我国也有几十所大学开设了泰语专业。在娱乐影视方面，近年来，多部知名电影，如《人在囧途之泰囧》《功夫瑜伽》等取景泰国，使得国人对其有了一定程度的了解，并产生向往之心。

三、泰国旅游资源特点与旅游业发展现状

（一）泰国旅游资源特点

泰国拥有丰富的旅游资源，包括历史文化遗产资源、优美独特的自然

① 中华人民共和国驻泰王国大使馆经济商务参赞处:《双边经贸往来》，http://th.mofcom.gov.cn/article/tzwl/?，2017-8-31。

② 中华人民共和国驻泰王国大使馆:《泰王国概览》，http://www.chinaembassy.or.th/chn/，2017-12-18。

③ 庄国土:《文化相似性和中泰关系：历史的视角》，载《华侨大学学报（哲学社会科学版）》，2013年第2期，第5—14页。

资源以及各具特色的民俗节庆资源。泰国是一个佛教色彩浓厚的国家，素有“黄袍佛国 ”的美誉，故泰国的历史文化旅游资源大多是佛教的尖塔、庙宇，以及与佛教有关的石雕、佛像和绘画。境内有多达3万多座充满神话色彩的古老寺院和金碧辉煌的宫殿，佛寺外观造型宏伟壮观，建筑装饰精巧卓绝，是泰国文化的象征。泰国山川、森林、海滨等自然旅游资源丰富。地处热带，一年中无寒暑交替。水果四季不断，素有“水果王国”的美称。海岸线长达2614.4千米，海水清澈湛蓝，是游客无限向往的海滩圣地。泰国文化节庆活动，如水灯节、守夏节和宋干节等各具特色。每逢节庆期间，便会吸引世界各地的游客前去游览体验。

（二）泰国旅游业发展现状

泰国是世界著名的十大旅游市场之一，旅游业发展态势良好，已成为泰国经济增长的主要支柱之一。

1. 基础设施较为完善

较为完善的基础设施提高了泰国的可进入性，为旅游业的发展奠定了基础。泰国公路交通较为发达，不仅覆盖全国城乡各地，而且与我国及周边国家互联互通。全国共有38个大小机场，其中7个国际机场。曼谷是东南亚地区重要的航空枢纽，可直飞亚、欧、美以及大洋洲的30多个城市。相较于公路和航空，泰国的铁路交通发展较为滞后，铁路网里程仅约4430千米。但泰国政府已加大投资，以弥补短板。2015 — 2022年交通基础设施战略规划中，将新建和修复14条双轨铁路线，以及更新铁路基础设施。[①]此外，中泰高铁合作项目已于2017年12月动工。

2. 政府政策支持

为“鼓励泰国人民前往泰国各地景点旅游，以及在交通较不拥挤的

① 中华人民共和国驻泰王国大使馆经济商务参赞处:《走进泰国（2012年版）》，http://th.mofcom.gov.cn/article/ddgk/，2017-9-6。

旅游淡季期间从事观光活动”，泰国观光局推出了2015年国内观光行销计划。[①]此外，泰国政府还相应地采取了一系列优惠政策，如减免机场费、下调与旅游业相关税费、免签证费等。[②]

（三）泰国与我国的旅游交往历程与现状

中泰两国政府积极发展推进双方旅游合作，旅游合作交流得到了快速发展。2004年泰国发生9.0级地震，并引发海啸，旅游业遭受重创，我国政府激励本国游客在灾区恢复正常后前往泰国旅游，帮助泰国重振旅游业，[③]极大地增进了两国之间的信任。

此外，为鼓励更多的我国游客前往泰国，泰国方面出台了一系列政策。首先，放松旅游签证政策。其次，新增旅游线路及创新旅游产品。2013年起，泰国旅游局相继推出了5条我国至泰国的路上旅游新线路，推出海洋旅游家庭团等特色项目，[④]积极推动高尔夫旅游、蜜月旅游、医疗旅游等高端服务。[⑤]

“一带一路”倡议提出以来，两国旅游合作进一步深化。中泰高铁的建成，必将促进两国旅游业的互惠往来。我国驻曼谷旅游办事处成立，是我国在东南亚地区成立的第二个海外旅游办事处，“进一步深化中泰两国旅

---

① 人人网:《泰国观光局推出3大策略活动来刺激国内旅游及观光》，http://zhan.renren.com/h5/entry/3602888498055988953，2014-9-4。

② 李瑞霞、薛群慧、郑炜曼:《泰国政局动荡对旅游业的影响及其对策分析》，载《旅游研究》，2010年第2期，第32页。

③ 中华人民共和国国家旅游局网站:《出境旅游：中国外交沉甸甸的筹码》，http://www.cnta.gov.cn/ztwz/lyzs/elyw/lywjckd7q/201507/t20150710_741683.html，2015-7-10。

④ 广东海洋大学东盟研究院著:《2015中国—东盟研究蓝皮书》，中国经济出版社，2016年，第201页。

⑤ 周方冶:《“一带一路”建设与中泰战略合作：机遇、挑战与建议》，载《南洋问题研究》，2016年第4期，第74页。

游合作，更好地促进中泰两国人民之间的相互交流和沟通”[①]。

中泰两国互为重要的旅游客源国和目的地。[②]据统计，2016年我国大陆游客赴泰旅游人数为875.75万人次，占泰国接待外国游客总量的26.87%，同比增长10.34%。来我国旅游的泰国游客约64.15万人次，同比增长4.63%。双向旅游人数高达950万。[③]

随着“一带一路”倡议中旅游合作的不断深化，以及像中国—东盟旅游合作年等旅游合作平台的搭建，中泰两国的旅游市场将会得到快速发展。

四、中国对泰国旅游外交的战略构想

（一）中泰旅游外交的战略意义

中国对泰国开展旅游外交，有助于推动中泰两国的旅游合作与交往，实现两国旅游、经济、政治等多方面的共赢。[④]有利于推动我国旅游企业“走出去”以及吸引泰国旅游企业“走进来”，深化两国旅游企业的投资合作，2016年中国旅行社总社泰国有限公司，就是中泰两国旅游企业友好合作的例证。有利于双方开发整合两国旅游资源，拓展优质旅游产品。有利于建立有效的联结机制，对旅游市场进行联合监管，保障双方旅游合作安全，从而促进中泰之间旅游合作关系稳定发展。

---

① 中国网:《中国驻曼谷旅游办事处成立 推动中泰旅游发展》，http://www.china.com.cn/，2017-6-16。

② 庄国土、张禹东:《泰国蓝皮书：泰国研究报告（2016）》，社会科学文献出版社，2016，第24—25页。

③ 中华人民共和国国家旅游局:《旅游数据》，http://www.cnta.gov.cn/zwgk/lysj/，2017-9-8。

④ 中华人民共和国驻泰王国大使馆经济商务参赞处网站:《驻泰中资企业推荐》，http://th.mofcom.gov.cn/article/zhxm/ziranziyuan/201608/20160801374668.shtml，2016-8-1。

中国对泰国旅游外交，也会为我国出境游客提供便利与保障。从携程在线预订数据来看，泰国位居上半年最受我国游客欢迎的20大目的地国家的榜首。旅游连接文化，能够促进宽容和理解。我国大量的游客前往泰国旅游，一方面增进了两国人民的相互了解和交流，促进了两国文化的交流、融合与碰撞。[①]另一方面，规模庞大的游客数量以及大量的旅游消费，都向泰国政府与民众展现了我国较强的经济实力，从而有助于树立我国的大国形象。

中泰旅游外交是促进“一带一路”倡议实现的有力支撑。国家主席习近平在出访中亚和东南亚国家期间，先后提出共建“丝绸之路经济带”和“21世纪海上丝绸之路”的重大倡议。泰国作为“一带一路”沿线的主要国家，拥有重要的战略地位，与泰国互联互通，是我国推进“一带一路”倡议的关键。而旅游业作为泰国的支柱产业之一，可以发挥“互联互通、旅游先通”的作用，让中泰两国的人民相互了解和交流，从而带动经济、文化等各个方面的交流合作，进而推动“一带一路”倡议的实施。[②]

总而言之，我国开展对泰国旅游外交工作，战略意义重大。因此，明确中泰旅游外交的战略定位、政策理念以及实施途径十分必要。

（二）中泰旅游外交的战略定位与政策理念

泰国位于中南半岛中南部，地处东南亚的腹心地带，与东南亚多国接壤，与印度隔海相望，拥有通往印度洋和太平洋的出海口。凭借重要的地理位置以及泰国在东盟举足轻重的地位，泰国成为美、日等大国的必争之地，因此，中泰建立友好的外交关系有助于制约美、日等大国在东盟的力量。此外，泰国重要的地缘政治地位，对我国在东盟地区的战略部署有着

① 刘思敏：《旅游成为促进对外交往的重要载体》，载《中国旅游报》，2015年1月21日，第002版。

② 徐万佳、邓敏敏、沈仲亮：《“一带一路”倡议风口旅游外交大有可为》，载《中国旅游报》，2016年3月7日，第002版。

不容忽视的影响，如我国的“周边外交”“一带一路”倡议。2016年12月，国务院发布的《“十三五”旅游业发展规划》中明确提出要实施旅游外交战略，“一带一路”沿线国家建立旅游合作机制，服务于“一带一路”倡议的实施。[①]中泰旅游外交，是服务于国家整体的外交战略，有助于推动我国“一带一路”倡议在东盟各国的实施。

因此，我国发展对泰国的旅游外交关系，应该秉承“以旅游合作充实和丰富外交关系，以外交关系保障和推动旅游合作”的指导思想，[②]坚持“睦邻、安邻、富邻”的周边外交政策，共同构建安全稳定的旅游环境，实现两国经济互惠、文化交流、互信增强、合作共赢的目标。

（三）中泰旅游外交的实施途径

1. 加强中泰两国政策沟通，建立健全旅游合作机制

两国政府就旅游发展战略和对策进行充分交流与沟通，共同制定两国区域合作的政策与规划，协商解决两国旅游合作发展现存问题，从而推动两国旅游合作关系长期稳定发展。

两国还可以基于中国—东盟旅游合作平台，进一步深化两国旅游合作关系。我国已与印度、韩国、美国等开展多次中国旅游年活动，中哈、中丹、中澳、中国—东盟等“旅游年”活动也正在积极筹备之中，成为我国旅游外交的重要内容之一。但到目前为止，还未与泰国开展相关活动。因此，中泰两国可以在中国—东盟“旅游年”的基础上，设立“中泰旅游年”，建立健全双方旅游合作机制，保障两国出境游客权益，增加两国旅游收益。

此外，中泰两国在部分具体政策方面还有进一步合作的空间。例如互

① 中国网:《中国国情》，http://www.china.com.cn/guoqing/2017-08/25/content_41473641.htm，查阅日期：2017年8月25日。

② 中华人民共和国国家旅游局网站:《旅游外交：开拓发展新空间》，http://www.cnta.gov.cn/xxfb/hydt/201701/t20170128_813440.shtml，2017-1-28。

免签证方面，双方并没有互免两国持普通护照人员签证，不符合中泰两国互为重要的旅游客源国和目的地的市场地位。对此，两国应该加强政策沟通，力图简化各种人为限定的不必要的手续，为两国人民往来提供便利。

2. 整合两国优势旅游资源，推出精品旅游线路产品

中泰两国旅游资源丰富，地理位置临近，中泰两国应该充分利用双方优势条件，推出多样化的旅游线路产品。就目前而言，中泰合作开发的旅游产品主要以观光为主，产品结构比较单一，大多服务于团体游客，不能适应当代旅游市场，无法满足游客多样化的旅游需求。[①]对此，中泰两国应该充分了解对方市场，适应旅游市场的发展，结合自身优势条件，针对团体、散客等不同群体，推出多样化的精品旅游线路产品，充分满足不同游客需求。我国也应该着重发展西南区域和东部沿海地区与泰国的旅游合作，构建海上跨国旅游航线，大力发展“地缘旅游”，促进边境地区旅游业协调发展。[②]

3. 鼓励我国民众文明旅游，树立我国良好形象

民间旅游外交是旅游外交的重要组成部分，游客作为民间外交的“外交官”，一言一行都代表着国家。为了在泰国民众心中树立我国良好的大国形象，向泰国民众传播我国深厚的文化内涵，我国应该加大对游客的管理力度，颁布相应的法律法规，通过多途径的媒体宣传，鼓励游客文明旅游。同时，注意提高国内旅游相关从业人员的综合素质，为泰国入境旅游的民众提供优质的服务，进而加深泰国民众对我国的了解，进一步深化两国人民的友好往来。

---

① 李兰月：《中泰两国跨境区域旅游合作研究》，北京交通大学硕士学位论文，2014年，第34页。

② 冯宇婷：《一带一路对东盟旅游业的影响——以中泰旅游合作为例》，载《现代商贸工业》，2016年第20期，第34页。

五、中国对泰国旅游外交的挑战和前景

中泰旅游外交关系面临来自外部、泰国内部等因素的挑战，这使得两国旅游外交关系变得复杂，但机遇大于挑战，发展前景广阔，潜力无穷。

泰国是东盟的创始国之一，因此泰国的对华政策还需要与东盟各国的对华政策相统一。近两年来，我国同东盟6个国家因为南海问题关系变得僵持，这可能会对泰国与我国的合作交往有一定的负面影响。此外，美国的介入可能也会影响到中泰合作。泰国作为美国的传统盟友，对美国“重返亚洲”战略的实施有着重要意义，多次进行联合军演，使得中美泰三国之间的关系变得更加错综复杂，波诡云谲。泰国还存在传统安全与非传统安全问题。

传统安全方面，面临政局动荡的风险。近几年来，泰国国内政局更迭频繁，社会动荡不安，出现多起流血冲突事件，影响了潜在游客的出游意愿，对泰国旅游业造成严重负面影响。此外，泰国政局频繁更迭也对未来中泰合作交往带来变数。2015年12月开工建设的中泰高铁项目是我国“一带一路”倡议在东南亚实施的重点项目，该项目的建设不仅有利于我国同泰国的互联互通，而且对泰国发展区域经济、带动旅游业及其他相关产业的发展有着重要意义。但是，由于泰国政局更迭频繁，我国虽先后和他信、沙马、阿披实、英拉、巴育等政府进行接触，有些还签署了协议，但仍迟迟无法落实。[①]我国在与泰国进行旅游外交合作时，不能忽视泰国政局动荡所带来的影响，应提早做好应对方案。

非传统安全方面，主要有恐怖主义、地区分离主义、贩毒活动以及极端主义势力等。2002年10月，巴厘岛发生爆炸，造成202人丧生。爆炸案

① 庄国土、张禹东:《泰国蓝皮书：泰国研究报告（2016）》，社会科学文献出版社，2016年，第245页。

之后，仅有数千名游客决定赴泰旅游。[①]泰南穆斯林三府频繁的暴乱，造成4000多人死亡。[②]2015年8月，曼谷著名景点四面佛发生爆炸，造成20人死亡，其中包括7名我国公民，另有超过120人受伤。[③]此外，泰国、缅甸、老挝组成的“金三角”地区贩毒贸易盛行。恐怖主义、地区分离主义以及贩毒活动在严重冲击泰国旅游业发展的同时，也影响了中泰两国进一步的发展。对此，中泰两国应致力于加强安全合作，为两国关系的发展提供一个和平、稳定的环境。

中泰两国旅游资源丰富，地理位置相近，文化历史渊源深厚，旅游业发展较为成熟，具有深厚的发展基础，加之我国“一带一路”倡议的实施，使得两国关系的发展迎来了新的历史性时机，中泰两国旅游外交关系的发展前景广阔。首先，中泰两国应加快实现旅游通道便利化，从而实现中泰两国跨境旅游区无障碍化。旅游通道是“旅游客流、商品流等旅游产业要素在区域内部或不同区域之间流动所依赖的各类交通道路、设施及跨境通关通道”。目前，中泰之间的旅游通道便利化程度较低，制约了两国旅游合作的深入发展。未来，在“一带一路”的背景下，中泰两国应加强边境城市旅游通道的对接与建设，尽快落实中泰高铁项目，增加中泰之间的航空班次，简化签证办理手续。[④]此外，我国和泰国人口众多，旅游资源丰富，经济发展迅速。因此，中泰两国发展国内市场与入境市场有着深厚的基础。为了更好地开拓市场，吸引更多的游客，中泰两国还可以进一步加

---

① 东南亚研究所著:《泰国研究回顾（2000–2012）》，四川大学出版社，2013年，第150页。

② 东南亚研究所著:《泰国研究回顾（2000–2012）》，四川大学出版社，2013年，第358页。

③ 观察者网站:《泰国四面佛爆炸案再次开庭 两名中国少数民族嫌疑人受审》，http://www.guancha.cn/Neighbors/2016_11_16_380725.shtml，2016–11–16。

④ 广东海洋大学东盟研究院著:《2015’中国 — 东盟研究蓝皮书》，中国经济出版社，2016年，第208 — 219页。

强旅游市场以及旅游产品的开发与合作。

总之，我国和泰国旅游外交关系的发展前景广阔，潜力巨大。中泰双方应加强沟通，解决合作中所遇到的问题，抓住机遇，应对挑战，从而深化两国旅游合作，让旅游带动区域发展，促进两国文化交流，更好地发展两国的旅游外交关系，进而促进中泰两国友好关系稳定发展。

书评

中国出境旅游流研究的理论创新与政策选择
——《中国出境旅游流研究》书评

赵建峰①

中国旅游业已经由以入境旅游接待为特征走到以出境旅游为特征的阶段。出境旅游的快速发展成为我国当前旅游业发展的新趋势、新标志。据统计，自1997年我国正式开放个人出境旅游以来，出境旅游规模快速增长。截至2017年，我国出境旅游已达1.3亿人次，成为全球最大的旅游客源输出地，同时出境旅游目的地覆盖100多个国家和地区。快速增长的出境旅游无论对我国还是出境旅游目的地都产生了深刻的影响，亟待学界对其进行研究，以制定合理的产业政策，引导出境旅游可持续发展。

蒋依依教授曾多年编写《中国出境旅游发展年度报告》，并主持“中国出境旅游流的决定因素与效应研究”“中国出境旅游流的决定因素：整合制度、贸易与交通的经验分析”“旅游流与旅游效应”等国家级课题，取得了一系列可喜的研究成果，最终编撰成《中国出境旅游流研究》一书。该书研究特色凸显、论证过程清晰、方法得当严谨，紧切新时期我国出境旅游发展的实践需要，对出境旅游的研究现状、出境旅游影响因素、居民

① 赵建峰，中央民族大学博士研究生，主要研究方向为遗产旅游、国际旅游合作研究。

出境旅游效应感知与产业政策制定进行了科学的整理和阐述，无论对出境旅游学术研究还是产业实践都意义非凡。

旅游区别于其他休闲活动的显著特征在于空间移动性，个体旅游者在不同空间上的移动汇聚成群体层面的旅游流。正是以旅游者移动为基础的信息、资本、技术、货物等相关要素的流动，才使得客源地与目的地相互联结，最终形成耦合的旅游系统。作者将旅游流作为出境旅游研究的切入点不可谓不独到。

从撰写结构上看，该书逻辑主线清晰，各章节相辅相成。全书共分为六章。第一章为绪论，对选题意义、研究思路与内容做了简要介绍。第二章系统梳理了近年来出境旅游的相关研究，归纳研究的成果与研究领域，并指出研究中存在的不足及未来研究趋势。第三章与第四章承前启后，为该书的核心内容，分别从“出境旅游之前”与“出境旅游之后”两个阶段，详细讨论出境旅游需求的影响因素与旅游效应，解答了哪些因素影响了我国出境旅游需求的发展，以及出境旅游对出境目的地带来了哪些影响两个至关重要的问题。较为遗憾的是，对“出境旅游过程中”这一阶段的内容涉及较少。随后，第五章从产业政策制定的实践需要出发，提出我国出境旅游的政策选择与发展战略。第六章，则归纳了研究结论与未来研究展望。

尽管立足于宏观的空间范畴，致力于群体层面的出境旅游流研究，但该书也能很好地与个体微观视角相结合，重点研究了出境旅游的影响因素及其影响机制。出境旅游的影响因素复杂多样，之前学者多是从单一影响要素进行研究，所得结论各有不同，甚至截然相反。该书作者则采用综合因素分析，在综合考量出境旅游多种影响因素的基础上，还定量考察了各影响因素所占权重的差异，是对之前研究的一次有效厘清。值得一提的是，该部分所依据的是微观经济学的需求理论，且只考虑了客源地因素，并未引入目的地以及客源地与目的地关联的其他因素。事实上对于旅游流而言,“推拉”模型也是应用较广的理论模型，相关文献已较为丰富。以该书为主，结合基于“推拉”模型的出境旅游影响因素及影响机制研究，可弥补该书不足，有助于读者更为深刻全面的理解。

判断当前中国出境旅游发展阶段所遇到的问题，很重要的依据便是国际经验。而中国出境旅游又有其自身的特殊性，无法完全套用。作者分别比较了不同社会经济发展水平下，出境旅游需求影响因素的总体特征与异同。既兼顾了出境旅游的一般发展规律，又能具体问题具体分析，辩证审视从发展中向较为发达经济阶段过渡的中国，为随后制定更加符合中国国情的出境旅游产业政策奠定基础。

出境旅游效应一章，更准确的标题可为“社区居民出境旅游效应感知”。与其他著作罗列式阐述出境旅游对目的地所带来的影响不同，作者从社区居民这一核心利益群体的感知与态度视角出发，研究出境旅游给目的地带来的经济、社会、文化、环境等效应。该章城市印象对中国出境游客满意度的影响一节是该书的一大亮点。满意度一直以来都是旅游研究中的热点话题，相关文献汗牛充栋。但与此同时，满意度研究又因其测量的准确性与结论解释的模糊性而饱受学界质疑。满意度的科学测量与解释同时受到个体及社会等多种因素的干扰，晕轮效应便是其中之一。作者借用严谨的实证分析证实了晕轮效应确实造成了游客满意度的认知偏差，这对于帮助学者更加客观地看待满意度的测量结果及研究结论裨益良多。另一方面，作者本次基于晕轮效应的满意度研究，也是对满意度研究中长期存在问题的一次具有创新意义的尝试，为弥补满意度研究存在的不足，提供了具有借鉴意义的研究范式，应当引起相关学者的重视。

作为一本学术专著，该书做到了理论与实践的有机结合。对我国出境旅游发展状况及其影响的认识，已经不仅仅是一个单纯的学术问题，也是与新时期旅游市场政策密切相关的现实问题。作者一贯秉承理论服务实践的价值取向，对出境旅游的研究并未止步于理论研究层面，而是力图依据所得出的结论，为出境旅游制定合理的战略与政策，进而促进出境旅游的可持续发展。这使得该书兼具学术研究与实践指导的双重价值。

另一个显著特征则在于规范严谨的定量研究方法的应用。之前学者对出境旅游的研究大多以基于经验总结的定性研究或描述性的定量研究为主，而该书作者在对中国香港、台湾、澳门等案例地的研究中则以定性研究为基础，借助了规范严谨的实证研究方法，具体包括结构方程模型、经济计量方法、固定效应模型、VECM模型等，既可对已有理论模型有所创新，又增加了研究结论的可信性、精确性与可对比性。

尽管该书中也存在着部分章节并未严格区分出境旅游与出境旅游流；对出境旅游流的研究主要集中于流量这一特征，而较少涉及流向、流速等特征问题。但瑕不掩瑜，该书对出境旅游相关学者及政策制定者而言，依然是一本难得的佳作。最后，感谢作者在这一领域所进行的研究，期盼作者能够出更多的优秀成果。

论点摘编

丝绸之路经济带旅游业格局与国际旅游合作模式研究

郭鹏等在《资源科学》2014年第12期撰文指出，丝绸之路经济带旅游资源分布与旅游经济发展在空间上存在较高一致性，旅游资源主要集中于西端的欧洲区和东端的亚太区，且沿海、沿河、沿交通线分布趋势明显；旅游经济发展呈现“两心三带”格局特征，海上丝绸之路和第二、三亚欧大陆桥两端的新兴经济体国家和欧洲发达国家占据主导地位。基于以上空间格局和发展现状，笔者提出了组建丝绸之路国际旅游联盟；打造丝绸之路国际旅游文化产业带；建设丝绸之路国际无障碍旅游区；在丝绸之路沿线重要旅游城市设立国际旅游经济特区；依托丝绸之路沿线各国友好城市，搭建丝绸之路国际旅游城市网络等建议。

丝绸之路旅游合作国内研究述评

王会战等在《旅游科学》2015年第2期撰文对现有的围绕丝绸之路进行的国际旅游合作的文献进行了评述，认为相较于全面展开、日益深化的丝绸之路国内旅游合作研究，国际旅游合作研究无论是广度还是深度都远远不够，未来只有因循“理论研究先行”的逻辑，日益加强和深化丝绸之路国际旅游的全方位、多方面研究，才会有利于丝绸之路国际旅游合作的有序、良性、持续发展。

新时代大国特色外交视野下旅游外交研究

张瑛、刘建峰在《思想战线》2018年第4期撰文指出，旅游外交已成为新时代中国大国特色外交的重要形式，有利于推进中国特色大国外交布局的形成。笔者对我国旅游外交的发展现状和研究进行了评述，界定了旅游外交的内涵、特征和外延，并区分旅游外交与传统外交、公共外交、民间外交、文化外交等概念的不同特征。依托建构主义国际关系理论，构建旅游外交四维研究矩阵，即专业维度、公共维度、政策维度和批判维度，指出旅游外交研究应重视四种维度的复杂性，推进四个维度的共生与合作。

遗产廊道型资源旅游合作开发模式研究
——以“丝绸之路”跨国联合申遗为例

李创新等在《资源开发与市场》2009年第9期以“ 丝绸之路”跨国联合申请世界遗产为例，从创新管理体制和运营机制、科学发展规划指导、建立共同发展基金、建设旅游基础设施、发挥旅游行业协会作用、完善旅游发展咨询环境、营造公开平等的市场竞争机制、共同推动旅游形象宣传和产品促销、建立健全利益补偿机制等方面探讨了跨国丝绸之路旅游合作的开发模式，认为区域之间和国家之间的联合申报正在成为一种趋势，本文可供其他遗产廊道型资源的旅游合作开发借鉴和参考。

中哈草原文化旅游合作拉动丝绸之路经济带文化产业发展模式研究

徐平等在《改革与战略》2015年第8期撰文指出，中国和哈萨克斯坦开展哈萨克草原文化国际旅游合作战略是拉动两国文化产业的重要契合点。中哈两国哈萨克草原文化国际旅游合作拉动丝绸之路经济带文化产业发展可采取“产业互动模式”“国际大通道模式”和“国际联合模式”三种宏观发展模式，实施“以哈萨克草原文化旅游促进丝绸之路经济带民间文化交流；拉动丝绸之路经济带文化产业发展”两大基本方略。

加强中国与东盟旅游产业合作对策研究

——基于当前国际背景下旅游合作在区域经济一体化中的重要性视角

曹丽等在《东南亚纵横》2012年第10期撰文指出，中国与东盟旅游合作是中国—东盟自由贸易区的重要组成部分。在当前国际环境下，加强双方旅游合作能够有效应对国际经济形势、推动中国与东盟关系健康发展。提出以广西、云南两省区为突破口，打造区域旅游合作先试先行典范、改善旅游合作环境、突出项目合作、丰富旅游合作内容和形式等措施。

关于建立中俄朝跨境旅游合作区的战略思考

夏友照在《社会科学战线》2011年第11期撰文指出，中俄朝跨境旅游合作区能够产生对图们江地区国际合作的带动效应、旅游资源优化配置效应、降低综合成本效应、旅游产业的外溢效应、区域旅游合作对国际友好交往的促进效应、对边疆民族地区合作发展示范效应等效应，并从旅游资源、合作基础、国家政策等角度进行了可行性分析，对合作区的模式、路径选择和对策提出了建议。

“一带一路”倡议背景下的中蒙文化产业国际合作路径研究

柴国君在《国际贸易》2017年第3期撰文指出，中蒙两国的地缘、族缘、亲缘、商缘、文缘关系，是中蒙文化产业国际合作的坚实基础。“一带一路”倡议实施以来，文化产业合作迎来新的高峰，跨境文化旅游成为重点，文化活动异彩纷呈，但也存在着缺乏特色项目开发、缺乏产业合作平台、缺乏有影响力的品牌等问题。并从抓特色、创品牌、抓创新、建园区、拓市场5个方面提出促进中蒙文化产业国际合作的路径。

“一带一路”沿线旅游合作空间格局与合作机制

林炜铃等在《南亚研究季刊》2016年第2期撰文，从地理区位独特、旅游资源互补、历史文化互通和合作前景利好方面阐述了“一带一路”沿线区域旅游合作的基础，提出了由国际旅游合作走廊、国内旅游合作区、跨境旅游合作区和丝路国际旅游港构成的“一带一路”区域旅游合作空间格局。在现有多边合作组织的作用下，“一带一路”区域应在旅游政策、旅游基础设施、旅游交流、旅游投资和旅游客流等领域加强旅游合作，发挥并加强以政府宏观主导、旅游企业为主体、行业协会引导的积极作用，实施日常工作机制、政府协商机制、投资促进机制和应急处置合作机制。

滇越国际旅游合作共生机制研究

成竹等在《思想战线》2016年第4期撰文指出，依据共生理论的逻辑框架，在滇越国际旅游合作中，通过资源整合、品牌共建、利益均衡、决策共商四大机制，在滇越国际旅游合作区域范围内构建一个互相联系、不可分割的系统（共生机制）。在这个系统中，各旅游要素之间能够达成一种平衡状态，以各要素在区域范围内群体联合的能力来拓展滇越国际旅游区域的合作发展空间，实现旅游业的健康持续发展。

中蒙俄经济走廊西段的“环阿尔泰四国六方”

张志尧在《新疆师范大学学报（哲学社会科学版）》2016年第6期撰文指出，中蒙俄经济走廊的历史渊源可以追溯到公元前5世纪的草原丝绸之路，在当代构建“环阿尔泰四国六方”区域国际合作区对中国国家安全、中蒙俄哈地区经济发展、“中蒙俄经济走廊”、第二亚欧大陆桥都具有重要意义，并指出了国家合作区的总体思路、在不同时期应采用的模式及重点内容，对新疆地方政府在其中的角色功能提出了建议。

丝绸之路经济带中国—哈萨克斯坦国际合作示范区边境旅游发展与自由旅游区建设

罗奎等在《干旱区地理》2016年第5期撰文指出，边境旅游发展是中国—哈萨克斯坦国际合作示范区建设的重点。笔者在总结边境旅游研究的基础上，重点针对中哈国际合作示范区边境旅游产业的发展进行了探讨。在深入剖析边境旅游发展基础和建设条件的基础上，提出了中哈国际合作示范区边境旅游的建设目标、发展重点类型及合作方向，根据旅游资源禀赋与分布、基础设施条件与开发难易程度将中哈自由旅游区空间布局确定为“一大核心，四大片区，多个景区”，并提出了建设的保障措施。

建立中越国际旅游合作区的探讨

赵明龙在《学术论坛》2011年第3期撰文指出，建设中越国际旅游合作区具有理论基础和实践依据，顺应了区域合作发展趋势的潮流。并从合作区的功能定位、范围和边界、旅游功能及空间模式、旅游产品体系建设方面构建了合作区的建设框架，分析了建设合作区对中越两国的影响，对推进合作区建设提出了建议。

论中越边境跨境民族文化旅游带的开发

李伟山等在《广西民族大学学报（哲学社会科学版）》2012年第5期撰文指出，中越边境跨民族文化旅游带能够推动当地经济发展、提升中越边境旅游资源的整体吸引力、有利于民族传统文化的保护与传承。其优越的资源条件、区位优势、客源市场和外部条件为开发带来了可行性，应从统一规划、完善旅游交通、打造边境旅游风景道、开发跨民族文化旅游产品、深化中越旅游合作机制、加强宣传构建品牌的角度构造跨民族文化旅游带。